全球化

Globalization

房思宏◎著

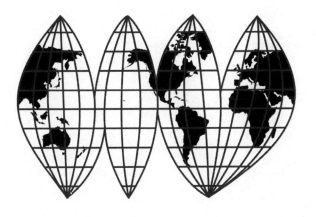

叢書序

　　文化向來是政治學研究中為人忽略的課題，因為文化涉及主觀的價值與情感，它賦予人類為了因應特定時空所仰賴的主體意識，從而得以進行各種發展並創意調整，故與當代政治學追求跨越時空的行為法則，甚至企圖預測歷史進程的必然途徑，可說是南轅北轍的思惟模式。正因為如此，西方主流政治學的研究議程中，存在著對文化的展開起封閉凝固作用的知識論，當這個議程經由近二十年來留學西方的學者帶回國內之後，也已經對在地政治知識的追求產生封鎖的效果。

　　在這樣的知識社會學背景之下，「知識政治與文化」系列推出了，這乃是揚智文化盡其心力，回歸在地的勇敢表現，不僅率出版界的先聲，向西方科學主義主宰的文化霸權宣告脫離，更也有助於開拓本土的知識視野，為在地文化的不受主導做出見證。這個系列的誕生，呼喚著知識界，共同來發揮創意的精神，釋放流動的能量，為邁進新世紀的政治

學，注入人性與藝術的氣質。

　　「知識政治與文化」系列徵求具有批判精神的稿件，凡是能對主流政治學知識進行批判與反省的嘗試，尤其是作品能在歷史與文化脈絡當中，發掘出受到忽視的弱勢，或在主流論述霸權中，解析出潛藏的生機，都是系列作者群的盟友，敬請不吝加入這個系列。不論是知識界勇於反思的先進同仁，或亟思超越法則規範的初生之犢，都歡迎前來討論出版計畫；學位論文寫作者如懷有相關研究旨趣，歡迎在大綱階段便及早來函賜教。

　　我們期盼伴隨著系列一起成長，任由自己從巍峨皇殿的想像中覺醒，掀開精匠術語的包裝，認真傾聽，細心體會，享受驚奇，讓文化研究的氣息蔚然成風。

叢書主編

石之瑜

自 序

「全球化」研究自二十世紀九〇年代以來蔚爲顯學，不
論是一般民眾或學術工作者，「全球化」一詞儼然已進入意
識深層，成爲認識世界、決定行動的重要基礎，在輿論、政
府官員與知識份子的大力引介推銷下，全球化被不假思索地
視爲是既存的、自然的實存。但於此同時，由種種日常生活
實踐中所引領的反全球化現象，卻似乎也適切說明了對於全
球化的詮釋很難定於一尊，相反的，在這世界上不同角落
裡，充斥著形色各異的全球化敘事。本書初始目的即在整理
爬梳各種不同的全球化論述並試圖加以對話。探究不同論述
間如何解釋看待這些問題：全球化如何起源、歷史發展軌跡
爲何，並且進一步追問在何種的哲學及世界觀基礎上得以開
展出何種全球化論述。書中內容分別從經濟、文化及政治三
部分進行整理並開展討論。

在經濟全球化的論辯中，超全球主義者認爲全球市場已
然（應然）建立，在其中資源得以做最有效的配置，民族國

家將逐漸弱化或終結；懷疑論者一方面強調當代全球化修辭過於誇大，一方面則強調全球資本主義的擴張只會對以民族國家爲基礎的福利體制、民主運作、勞工保護及地球的生態環境帶來災難。文化全球化的討論中，超全球主義者抱持著文化商品化的態度，強調消費者主權的時代已然到來；懷疑論者則指出這種建立全球文化市場的主張無異於文化帝國主義，並且強調本土在地文化的眞實性是全球文化所無法取代的。最後政治全球化的討論裡，超全球主義者認爲主權國家已經越來越難面對當代種種跨界危機，全球政治將轉變成多層次權威共存的混合體系，對某些論者而言，這種情形可以樂觀地看成全球公民社會的到來以及民主價值的深化；懷疑論者則強調全球公民社會的論述掩蓋了霸權國家及全球資本主義的政經企圖，現實主義者更強調主權國家的地位並未受挑戰，仍然是國際事務的重要主體。

　　整理出這些殊異的論述外，首先在指出所謂「全球化」並非如某些論者所言，是指向單一歷史終點的不可逆潮流，這種目的論式的論述忽略了許多來自在地的抗爭，也無視市場社會以外對全球化的豐富回應。除了試圖呈現不同面貌的全球化論述外，在討論過程中還指出個別論述者因其理論假設而形成的盲點與限制，本書認爲研究者不能也不應置身於

繁複的全球化現象之外，宣稱進行所謂的客觀研究，而必須反省研究者、理論工具與研究成果間的相互構成關係，並且必須反身質疑學科規訓所造成的研究限制及試圖壟斷定義生活實踐的學術霸權。本書因此指出全球化研究必須把握整體性的原則，並且揚棄二元對立的認識架構，才可能正確描述生活中的種種現象與轉變，並同時反思行動與認識的基礎。

本書源自筆者的碩士論文〈關於全球化論述的知識對話〉，本應於兩年前出版，因一些作業疏漏延遲至今，書中內容並未因此做大幅度的修改，雖然因此對一些討論缺少最新現象的佐證，可是並不影響筆者寫作的初衷，亦即試圖去追問我們身存的這個世界發生了哪些變化？這些變化對我們在認識上、行動上產生什麼樣的影響？根據這種認識而產生的因應措施又將對這個整體框架產生什麼樣的回饋作用？這些基本關懷開啓了本書的書寫，如果在論證上有不周延之處，實因筆者之能力有限，望讀者能不吝來函賜教。

本書得以付梓最要感謝石之瑜老師的指導，石老師總能豐富後進的思考，讓筆者得以不斷地對過去所學有反思機會。求學及寫作的過程中，台大政治系的江宜樺老師、朱雲漢老師、明居正老師、蕭全政老師、陳思賢老師以及林俊宏老師都在不同面向開啓了筆者對知識的熱情，帶來多元豐富

的想像空間。林端老師、沈宗瑞老師以及黃競涓老師則為筆者的論文提出許多寶貴的意見。也感謝揚智文化總經理葉忠賢先生、總編輯林新倫先生和主編黃美雯小姐的協助，讓本書得以順利出版。最後要感謝我的父母以及許多在不同位置上努力的朋友們，感謝你們一路的支持！

如果論者宣稱我們已然生存在一個全球化的世界中，那麼或許就該接著去問：誰的全球化？誰的世界？期待全球化研究中能有著更多反思出現！

房思宏　於永和

目　錄

第一章　緒論

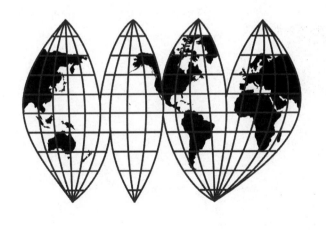

　　筆者年幼的時候，電視台曾經有個叫做「天涯若比鄰」的節目，在那個有線電視還未開放的年代，印象中，這似乎是唯一一個介紹異國鄉土人情的節目了。當然不少書籍也有過同樣的嘗試，例如錦繡出版社就出版過一系列介紹國外名勝古蹟、壯麗山河的叢書。只是，雖然書頁中總有精緻拍攝的大幅圖片，但這總是靜態的呈現，與結合聲音與影像的電視節目相較之下似乎也就比較難吸引人。在這類電視節目中往往會穿插對於當地居民的訪問，螢光幕中，許多老婆婆雖使用不同的語言，但姿態與語氣卻一如鄉間熟識已久的長者。於是，透過聲光訊息的傳遞，即使只是坐在台灣一個家庭中的電視機前，卻往往也能產生身歷其境的感受，那一刻，彷彿真有一種四海一家的感受，似乎與千里以外的陌生人間，真存在一種莫名但可以共享的經驗，Marshall Mcluhan提出的「地球村」（global village）是真實存在的！

　　而後來到網際網路的時代，感官向地球上延伸的角落更加地廣遠，看過電影《熱天午夜之欲望地帶》（*Midnight in the Garden of Good and Evil*）後，坐到電腦前連上網路，鍵入幾個關鍵字，按一按滑鼠，就可以一窺片中的Savannah小城景色，一張張的圖片及影像中，那種美國南方空氣裡瀰漫著的悶熱黏膩感，似乎也穿透螢幕，來到遠方的此端。更不

用說隨時可能在網路世界中認識來自不同國度的朋友，共同分享對於Savannah、對於片中劇情的種種觀感了。一種屬於地球村的想像在這種經驗中又再次獲得強化！

身處我們這個世代的人類，第一次有機會從地球之外窺得地球全貌，也比過去的人享有更多屬於種種「全球」的經驗，這種種經驗展現於網路世界的漫遊中；表現在出國旅遊時處處可見而熟悉的麥當勞招牌以及旅途中對英文的高度依賴上；表現在夜間新聞螢幕角落裡即時更新的歐美各國股市指數；表現在精品服飾店中對巴黎、米蘭、東京各地時尚品味的追逐反應；表現在川流不息往返各大洲的飛機旅行中；表現在好萊塢電影中各種習以為常的意義符號中……。有太多太多的體驗得以讓我們感覺到，這似乎真是一個全球化的時代了。「全球化」一詞在有意無意中，已經進入意識深層並讓人們狀似熟稔地運用自如。全球化不僅在社會科學中成為「跨世紀的顯學」（洪朝輝，2000），更已經滲透入芸芸眾生的生活實踐、詞彙表述與想像的營造中。

翻開報紙、打開電視，綜觀各種座談會的訊息及媒體觸角，可以看見有在全球化趨勢中談兩岸出版業發展的，有在全球化時代中談當代藝術的，有談全球化潮流中的文化與民族認同的，有在全球化脈絡中談兩岸及區域經貿整合的。

「趨勢」、「潮流」、「時代」以及「脈絡」這些詞彙所潛藏的意思是，「全球化」這個名詞已然成為許多人認識、理解世界的基本框架，渾然不覺中，我們已經進入一個嶄新的全球紀元。只是這一個在二十世紀末開始流行中外的詞彙，究竟代表了什麼意義呢？對於這幾年來遭逢國內外經濟不景氣的台灣企業，全球化代表的是對解除各種商業行為管制的欲求，從市場的眼光看待，世界各地區包括中國大陸，都應該被列入商業資本的全球佈局中考量；對於紐約、倫敦的股票、外匯操作員而言，二十四小時從未止歇的即時交易市場即是全球化的具體象徵；對於好萊塢的電影工業來說，全球化所追求的目標是讓全世界各地區的人民都能成為好萊塢的影迷，除了能無障礙地吸收好萊塢的電影語言外，還能在各類型的電影中找到一隅得以確認自我的位置[1]；對於信奉西方式自由民主價值的人，全球化代表的是柏林圍牆倒塌、蘇聯東歐共產集團瓦解之後「歷史終結」的嶄新時代[2]（Fukuyama, 1992）。面對全球化，總有抱持信心樂觀以對的一群人，全球化對他們而言，代表的是一種自然不可逆的世界潮流。

　　但同時，全球化對地球上的許多人而言，就未必是代表美好光明的那一面了：對於印度、泰國及其他許許多多第三

世界的勞工而言，全球化代表的是 IKEA、NIKE 這些跨國大廠對他們無窮盡的剝削[3]，同樣的，在先進工業國家中，亦有許多因為企業的全球佈局考量而失業的勞工，共同高舉反全球化的大旗；而對於許多非西方國家的人民而言，民主制度的全球擴散未必實現自由民主的願景，帶來的卻反而是「民主的異化」以及自我認識的分裂[4]；對於許多伊斯蘭教徒或其他非受西方文化浸淫的人們而言，全球化此一語彙更可能代表來自西方世界對其信仰、生活方式及文化傳統的嚴重威脅。從 1999 年 12 月在西雅圖 WTO 千禧回合（millennium round）談判會場外的抗議開始，到 2002 年於紐約舉行的世界經濟論壇、在約翰尼斯堡舉行的地球高峰會，來自世界各地、各個階層，這類不相信全球化能許諾更美好未來，甚而反對全球化，根本不認為有全球化存在的種種態度迅速蔓延，即使這其中的參與者處境各異，但同樣述說著許多身處台灣的我們未必熟悉[5]，對許多人而言感受卻同樣深刻真實的全球化故事。從他們的角度看來，全球化充其量不過是霸權者的修辭運用，只是諸多「謊言」的堆砌（Boxberger & Klimenta, 2000）或引誘墮入的「陷阱」（Martin & Schumann, 1998）罷了，只有那些個在全球場域中掌握權力、財富的少數人，才有能力真正跨國地行動，能從這個全球化進程中受

惠[6]。在這些反抗全球化的聲音中，縱使反對的策略及接下來所勾勒的願景未必相同，但是致力於打破種種關於全球化的迷思，則是共同的目標（Hirst & Thompson, 1996; Veseth, 1998）。

　　前面的介紹中可以看出面對全球化現象時所可能具有的兩極立場及觀點，而這也符應了 David Held、Anthony McGrew、David Goldblatt 及 Jonathan Perraton 在《全球化大轉變》（*Global Transformation*）（2001）一書中的研究分類，他們將有關全球化的辯論分爲：超全球主義論（hyperglobalizers）、懷疑論（sceptics）與轉型主義論（transformationalists）三種[7]。超全球主義論及懷疑論這兩個分類似乎也正好符合前面兩段中兩種不同的關於全球化的觀點：對超全球論者而言，全球化被界定爲人類歷史上的嶄新時代，在新自由主義（neo-liberalism）經濟邏輯的支持下，國家權威面臨全球市場的擴張，其權威逐漸弱化，民族國家甚且將走向終結，全球時代（global age）的出現是一個與過往歷史大不相同的嶄新紀元（Albrow, 1996），在這種情形下，對於「全球公民社會」的到來亦是可期待的（Held 等，2001：4-6）；而懷疑論者若從經濟角度出發，則會強調當今世界情勢毋寧是歐洲、亞太與北美三邊勢力的發展（triadization），真實存

在的是區域化（regionalizaion）而非全球化的現象（Hirst & Thompson, 1996: 63-67），而國際市場的擴張是建立在國家的支持上，因此國家的角色並未全然弱化（Ibid.: 184-186），而且超全球論者所倡導的全球化並未改變國際間南北不平衡的狀態，反而使許多國家日益邊際化（Castells, 1998: 113-155），這種不平等的國際政經結構有利於維持西方國家的領導地位，並助長諸如基本教義派或基進民族主義的發展（Held等，2001：7-9）。

除了上述這正反兩種有關全球化的看法外，還有另一種不一定為一般民眾所輕易感受到的全球經驗，這些全球性經驗以全球危機、風險（global risk）的形式展現，表現在諸如全球暖化（global warming）現象對地球生態體系、海洋環境、水文系統及氣候的重大影響[8]；酸雨、核電事故及水資源污染等各種越界污染對全世界人類造成的威脅；全球資源與污染分配不均對全球政經情勢的影響（Beck, 1997: 38-42）；以及地球生物多樣性遭受的威脅破壞等問題。這種從環境、生態角度所觀察到的全球性議題中，認為整個地球可以被視為是一個環環相扣、互相連結的生態系統，地球上的共同環境不隸屬於任何國家的有效管轄或主權範圍，但處在地球上任一小範圍內的各種行為結果，卻都可能對充滿高度

不可預期性而易變的地球環境本質造成影響（Held等，
2001：476；Morin & Kern, 1997），換言之，這種種危機是
全人類必須共同分擔面對的[9]。一如Muller-Fahrenholz所言，
我們不僅屬於第一批能夠從地球之外觀看地球的人類，我們
同樣也屬於第一批有能力將我們的生命基礎毀滅的人類
（2001：82-83）。這一種全球化經驗關切的是人類對目前生
存處境的重新理解及以人類為中心的倫理學的反省（Ibid.）。

　　行文至此，可以發現「全球化」從來就不是一個可以簡
單定義的名詞，更不像是許多人認為的那樣，可以將全球化
視為是一種自然而然而不可逆的潮流[10]。對全球化樂觀以
對，積極推動的，有具備能力能從這波全球化過程中獲益最
大，最有資格稱為「全球行動者」（global agent）的，包括了
前面註釋6中Sklair提到的跨國資本階級；除此之外，還必須
加入學術圈中超全球主義者的的論述生產，即透過建立、再
生產所謂的「華盛頓共識」（Washington consensus）
（Gosovic, 2000; Comeliau, 2000）試圖壟斷有關全球化其發
生、動力及方向的解釋權力，將對於全球化的理解侷限於新
自由主義的政經規劃中，Noam Chomsky即說到由美國政府
及其控制的國際機構來推動的華盛頓共識，指的就是以市場
為導向的一系列新自由主義經濟理論（2000：4）；

Branislav Gosovic 也指出占霸權地位的全球智識份子，設定了各國經濟資源分配利用的「發展」議程（2000）。但是，正如之前一再提及的，在世界各地有許多相殊的全球性經驗不斷出現，這些在日常生活中的各種感受，同樣點點滴滴地在建立與華盛頓共識大異其趣的全球化論述，這些反論述（counter discourses）的出現，挑戰了有關全球化的單一敘事及其隱藏的線性史觀，更豐富了「全球化」的概念，全球化因而也絕非如部分懷疑論者而言，只是一種異己、否定自身的外在力量，相反的，全球化代表的是不同立場觀點的多元參與，Roland Robertson（2000、1995）提出的「全球地方化」（glocalization）概念即指出了全球化與地方化（localization）、普遍與特殊、同質與異質兩股力量相互對話構成的辯證意義。在全球化的眾多敘事裡充滿了喧嘩的各種聲音，無法以單一世界觀為其他地區、文化的全球化敘事下定義，全球化因此是個**複數**名詞，各式相殊的主體以各種不同的形式參與其中。本書的主要目的，即試圖整理爬梳各類立場相異的全球化論述[11]，呈現一個多元豐富的全球化敘事場景。

於此同時，基於筆者的研究背景，這個整理工作也必須返照於政治學中。當代政治學是建立在對主權國家的承認上[12]，如 Beck 所指出，在社會科學中有一種隱密的黑格爾主義

（Hegelianism）自始至終起著支配作用，這種情形他稱之為社會貨櫃理論[13]（container theory of society）（Beck, 1997: 23），社會科學因而存在一種「領土傾向」：社會關係的社會空間組織與國家所控制的領土必須等同看待。而全球化（姑且不論是哪一種全球化）代表的正是一種「解疆域化」（de-territorialization）的過程與力量，不論是線上即時交易的全球金融市場；疾病、犯罪及污染的全球擴散；富可敵國的跨國企業；功能上集合了各種全球網絡而日益取代主權國家的全球城市（global city），都代表過去由主權國家所劃定的疆域，在如今已逐漸被各類全球勢力所滲透，於此，即使是懷疑論者也很難堅稱民族國家的疆界依舊穩固如昔。

當主權疆界這個政治學隱然認可而未必知覺的論述前提開始受到挑戰時，政治學也必然需要開始對這個全球化現象做出回應。在諸多回應中，不管是堅持主權國家仍有其不可取代的功能，或是強調國家間應加強合作互動的觀點，都還是在這個隱藏於社會科學中的主權前提上發展思考，而無法認識到這個轉型過程實際上已經挑戰了過去社會科學中不可動搖的前提。因此各種全球化現象的出現，正好提供給政治學以及其他社會科學一個反省的機會，重新檢視這門學科及提供給學科規訓權力（discipline power）[14]使之得以再生產的

理論前提假設。全球化所帶來的轉變不僅發生在國家職能的
調整上，還影響各類社會行動者的感知結構，當「國家」不
再是不可挑戰不可動搖的論述前提，附著在這個前提上的政
治經濟學、資本積累典則、人類學、文化研究等各種學術領
域亦有了衝破國家疆界的論述空間，不管是 Arjun Appadurai
提出的各種跨國空間[15]，Castells 提出的流動空間（space of
flows）概念[16]，或者是 Beck 對由經濟全球化現象帶來的工作
型態的改變，進而提出新的關於人的論述[17]，都可以視為是
在這個由主權國家邁向全球化的轉型時期中，對各種主體形
式、社會型態、生活方式、社群構成、認同甚或政治概念所
提出的可能的論述，其意義未必在準確勾勒出未來的生活樣
態，而在於指出轉型過程中各種可能的發展方向。王志弘
（2000）在有關性別與各種流動（flows）經驗的研究在介入
各式全球化論述時亦深具啟發意義，王志弘指出各種流動的
經驗，不但關乎政治經濟學的物質層次，還代表了一種跨越
界線的表意實踐（signifying practice）[18]，最後透過這些經
驗，在理論與實踐的層次重構行動主體（2000：15-16），而
各種形式的流動與根著（rootedness）之間的聯繫、衝突與緊
張關係更是已經形成當代社會形構與人類經驗的基調（Ibid.：
12）。而由於全球化的力量即展現於各種形式的流動對於既

定疆界的滲透，固有的物質基礎及文化象徵在面對這些嶄新
的全球流動經驗後，主體的重構亦不可避免，主體不再只能
由主權國家的疆域及其劃定的社會空間來定義，而呈現出流
動、多元的開放狀態，在權力場中面對各種支配、鬥爭、抗
拒關係的拉扯，指向眾多可能的方向。而各種全球化經驗因
而也非單一學科有能力處理面對，只有透過跨科際（inter-
discipline）的整合才可能對全球化現象進行整體而全面的研
究。

　　有關全球化的研究在最近十年中，隨著美國以資訊產業
（IT）為首的新經濟所帶來的全球擴張而蓬勃發展，蔚為顯
學，在社會科學各領域中亦有豐富的研究。但是即使「全球
化」一詞已被廣泛接受運用，概念的移植複製並不保證感知
結構對世界的重新認識，既有的分析架構依舊主導了對全球
化的研究，並同時反映出特定學術規範中的既定立場與世界
觀，許多論辯中的衝突亦隨之而生。例如Held等人就認為在
既有的全球化研究途徑中，主要有五項重大的爭議議題，分
別是：全球化的概念化、全球化的因果關係、全球化的期間
認定、全球化所造成的影響衝擊及全球化的發展軌跡。在這
些爭議點上，前文曾經介紹過的超全球主義論者及懷疑論者
各自抱持對立的態度（2001：3-19）。路愛國亦指出在有關

全球化的研究中，概念定義、理論—歷史建構、方法論及實踐意義是幾個爭論的焦點[19]（2000）。有趣的是，如同前文所述，雖然在學界或一般人的日常生活中，全球化都已被視為是組構當代世界的基本動力：我們必須體會到並且接受人類已身處一個全球化的世紀，只有在這樣的基礎上，才可能建立對自身行動及身外世界的認知圖像。但是有關全球化的敘事卻從來就不曾定於一尊，不論是基於本體立場的殊異、研究出發點的差異或最實際的生活經驗本身，都可能發展出各種迥異的全球化觀點，而任何一種關於全球化研究的學派，在不同地區為不同的知識社群所引用時又往往發生程度不一、有意無意的轉化[20]，使得有關全球化的論述更加顯得多元龐雜。本書首先即試圖透過文獻分析比較的方式，對不同的全球化論述進行梳理。

然而必須要銘記於心的是，文獻的比較分析並不僅僅是文本（text）的表列整理，Diane Macdonell 指出：一切言說（speech）和書寫（writing）都是社會的（1986：1），文本既然不是孤立的存在，而是鑲嵌於諸多社會活動之中而成形，那麼只有將文本得以生產再製的脈絡（context）部分同列入考量，文本本身才成為一個有意義的研究對象。方孝謙即認為文本領域乃間接受到社會脈絡的箝制，只有掌握社會脈絡

才能討論象徵霸權（symbolic hegemony）問題，而象徵霸權指的是「在公共論壇當中，強權者替弱勢者的議題命名並設定表達符號，即獲得表達的領導權的過程。」[21]（1994：28），他援用了 Pierre Bourdieu 的理論並加以重組過後指出，可以建構用以分析象徵霸權的三層架構[22]，分別是：意見（或論述）領域（the universe of discourse, doxy）、潛伏領域（the universe of the undiscussed or undisputed, doxa）及脈絡領域（the universe of social context）。意見領域是討論象徵霸權的核心部分，指的是浮現在檯面上的正統（ortho-doxy）與異端（hetero-doxy）意見，事實上可理解爲代表正統的強權者以檯面下共享的社會經驗爲基礎，運用倒置、內涵化的機制「指導」（authorize）弱勢者形成其反抗意見的動態關係（1994：30-34）。潛伏領域與意見領域同屬於議題、文本的範圍，只是透過負面定義而成，指的是經過倒置、內涵的運用，被摒斥於意見領域之外的所有論述的集合體，並指向論述中潛存於社會成員所共享的社會經驗及社會認知[23]，換言之，潛伏領域中界定出的社會基本區隔（fundamental divide），乃是由社會中強弱兩端所共享的，而這個共享的社會經驗又限定了意見領域中正反論述所能採取的形式與內容（1994：34-38）。而在脈絡領域部分，則著重於其與文本領

域（包含了意見及潛伏兩個層面）的互動，一方面象徵霸權
可以從文本領域出發，透過積極地塑造封閉語言或消極地變
更宣傳文辭以接合脈絡領域；另一方面象徵霸權也可以從脈
絡領域出發，施用威脅、利誘手段，在文本領域中將這些威
脅利誘符號化、論述化以達成象徵霸權（1994：38-42）。

　　方孝謙的研究主要探討殖民過程中殖民主的象徵霸權，
同樣從Bourdieu處獲得靈感的John MacLean則直接將其運用
在其全球化與國際關係學科（IR discipline）之關係的研究
中，他認為在國際關係研究的學科規訓中，維護學術正統的
權威比發展自主的學術探索更為重要（2000：5-10），深植
在國際關係研究與其他學科中的經驗主義（empiricist）知識
論仍舊構成不可撼動的哲學根基（philosophical roots），並繼
續透過在學術實踐的過程中對於客／主、理論／實踐（優劣）
對立的強調，來鞏固建立國際關係學科中有關「客觀」知識
的信心（2000：22-27）。MacLean引述了Bourdieu的一段
話：「每個既存的秩序都傾向於將自身的任意武斷性（arbi-
trariness）予以自然化（naturalization）」，因而得以自我宣稱
為眞實的或自然的（2000：26-27）。在這種情形下，即使國
際關係研究中理想主義／現實主義（idealist／realist）、傳統
學派／科學主義（traditionalist／scientific）及實證主義／後

實證主義（positivist／post-positivist）三大辯論中所引發的種種爭議，亦不能將之看成是挑戰傳統國際關係學科研究正統的異端，因爲三大辯論並未挑戰構成國際關係學科霸權的哲學根基，仍然排除了諸如種族主義、移民及難民、勞工與就業、帝國主義等世界上廣大不平等議題的深入討論（2000：14），MacLean因此認爲在國際關係研究中正統／異端的對立，包括三大辯論，事實上仍只是停留在前面所提及的意見領域中，只能算成是意見領域中的爭議（dispute）（2000：29），無法針對許多被排除在意見領域外的議題進行深入的討論，這些議題在正式的學術語言及討論中被設定成沒有討論的必要，甚至被認爲是沒有爭議而視而不見的，學科規範中的正統／異端之辯並不構成眞正的對立，眞正深刻的對立在於學術實踐過程中可以允許被思辨的部分，以及那些被視爲理所當然、不存在爭議的部分之間（2000：30）。

如前所述，方孝謙與MacLean的研究雖皆自Bourdieu處獲得靈感，但仍有部分差異。方孝謙提出的理論架構，主要是用來分析殖民地中不等的權力關係，試圖挖掘殖民主如何取得在象徵、論述上的領導權，有效掏空被殖民者的反對意見，使得被殖民者只能在殖民主設定的論述空間中反抗。而「象徵霸權」的問題設定，即表示了在文本中已經隱含明確

的強弱關係及特定的批判對象，這樣的立場，將會使得對於全球化文本的研究，似乎就只能據守反全球化的立場，強烈抨擊類似「華盛頓共識」之類的論述了。但如同之前一再提及的，不同的知識社群、不同地區、不同階層的人民基於各種不同的理由，對全球化有著殊異極大的觀點，面對這些龐雜的觀點，要找到一個合乎道德直覺的立足點，據以對其中的部分論述大加撻伐是相對容易的一件事，但是這並無助於不同立場觀點之間的對話與了解，眞正必須進行批判的對象是拒絕對話的封閉論述，這些封閉的全球化論述試圖壟斷對於全球化歷程起源、動力及發展的詮釋，這就是一種Stuart Hall所指的：「語言能製造眞相效果的條件就在語言自閉爲圓圈，圓中一點界定何爲眞相，另一點則『證明』眞相爲眞，而定義與證明的追逐卻永遠限制在封閉的語言圈中。」（方孝謙，1994：39）。儘管如此，批判優勢論述的同時，卻也不能忽略了人的實踐同樣具有一定的流動性與不確定性[24]（葉啓政，2000：487），如此才可能以動態的方式理解各種全球化力量、論述的複雜互動過程。

MacLean則指出國際關係研究中自我指涉的學術生產再製，將使得全球化的研究無法擺脫既有的（經驗論）哲學基礎，而只可能是固有的研究框架的擴張延伸，並不能爲「全

球化」這一現象提供更深刻的理解。國際關係學科中的全球化研究是在特定的理論框架中進行，而在這種學術實踐過程中所生產出來並透過社會再生產的全球化概念，又再次鞏固既有的學科規訓。因此他認為有必要對既有的全球化概念進行批判性的反省，從檢視既有理論及研究對象（全球化現象）之間的關係開始，首先要求分析既有學術成果與研究對象間的因果關係，其次則要求任何對既有全球化概念提出質疑的方向，都可以成為重新試圖將全球化現象予以概念化的基礎（Ibid.: 42）。

MacLean 與方孝謙雖然同樣引用了 Bourdieu 的理論，但是在討論到意見領域與潛伏領域兩者間的關係時，如前所述，方孝謙的焦點集中在潛伏領域中的共享價值、基本區隔等如何影響到意見領域中強弱者間的互動；MacLean 重視的則是究竟哪些議題被視而不見地排除在意見領域的討論外而進入潛伏領域，哪些是被任意武斷卻又理所當然地設想成不相干的議題，對他而言，區隔開意見領域與潛伏領域的疆界正好反映了一套既成學術規範探討問題的**極限**。但是 MacLean 並不認為意見領域與潛伏領域之間的關係是固定不變而呈現「非歷史」（ahistorical）的僵滯現象，換言之，意見領域與潛伏領域的疆界形成是具有歷史偶然性的（Ibid.:

30），而MacLean本人在深入檢討過國際關係學科及其全球
化研究的哲學根基後，試圖提出的替代方案：指向全球化的
眾哲學途徑[25]（philosophical routes to globalization）就意在挑
戰構成意見領域與潛伏領域兩者間的疆界，讓不同歷史脈
絡、社會情境中的全球化敘事得以發聲。

　　總結上面的討論，面對各種全球化文本時，因而必須檢
視在各文本中，對全球化的定義究竟為何？這其中包括了在
文本中所呈現的歷史觀，亦即文本中展現的全球化現象與歷
史間的關係為何？還必須探討文本中如何解釋：是什麼樣的
動因、在什麼樣的途徑中，全球化得以興起並且在未來將如
何繼續發展？最後，各文本中所指的「全球」究竟是不是一
個新的概念，還是只是既有學術規範中的再製延伸，同樣是
個必須關注的議題。本書的問題意識及其後的整理研究工
作，除了試圖為筆者在閱讀過程中產生的各種疑惑進行初步
的梳理外，同樣也是可以視為是對全球化思潮的一種介入，
同樣必然也反映了特定的關懷，那就是我們如何知道當前世
界產生什麼樣的變化？這些認識到的物質、觀念上的改變又
對個體的行動基礎產生什麼樣的影響？這些行動又對我們身
處的世界、日常生活的實踐帶來什麼樣的反饋？對筆者而
言，去談為什麼要認識全球化，其實就是繼續追問這個古老

的問題：我們究竟要如何認識自己？行動的基礎究竟為何？
對於全球化的研究因此也必須是一個反身的過程。

註釋

1 像 Disney 動畫近幾年來努力以各種異文化的傳奇故事做為動畫的素材以開創市場。

2 2001 年在美國本土發生 911 事件後，Fukuyama 在訪問中仍然堅信只有西方的自由民主才能繼續主導世界政治（2001）。

3 IKEA（宜家家居）這個跨國瑞典家具大廠有許多成品是在羅馬尼亞及菲律賓完成，但是獲得極大利潤的母公司並不關切在這些國家工廠中，使用童工、工作安全及職業疾病等問題，反而透過壟斷式契約要求代工工廠降低成本。可參考台灣的公共電視台於民國 90 年 6 月 7 日至 10 日播出的「當代勞工群像」系列紀錄片，並可見李彩琴（2001）的說明。

4 石之瑜指出，將民主化視為一種潮流是建立在關於人性的普遍假設上，但歷史上從不曾存在過這種抽象的人，許多國家接受了這種民主化的潮流，但不能準確地反映每一個具體的人的生活經驗，公民的政治參與其實是用來凸顯他所屬的集團認同，這種個人主義與集體主義的矛盾結合稱為民主異化（1994：145-151）。

5 台灣主流聲音對於在世界上風起雲湧的反全球化運動得以抱持這等不相關的態度同樣是個值得探討的議題。亦即必須深究：台灣內部的什麼階層，在什麼樣的時間、權力節點上對於哪一類的全球化論

述表現出特定的態度。事實上，台灣島內絕少反省這一波二十世紀末由美國所主導的全球化浪潮，但一旦論及經濟全球化過程中與中國大陸的經濟整合過程時，卻又總是會有人疾呼反省，務求謹慎為之，這種態度的轉折往往正是值得玩味之處。

6 Leslie Sklair指出跨國資本階級（transnational capitalist class）透過以利益驅動的文化─意識形態上的消費主義（profit-driven culture-ideology of consumerism）推動資本主義的全球化，這些能夠真正跨國行動並從中獲利的跨國資產階級範圍含括企業、國家、知識界及消費部門，可以分為跨國企業執行者（TNC executives）、傾向全球化的官僚及政治人物（globalizing bureaucrats and politicians）、傾向全球化的專家學者（globalizing professionals）及傾向全球化的商人與媒體（globalizing merchants and media）四類（2001：3-23）。

7 依書名及書中的討論看來，四位學者的立場明顯是站在轉型論這邊的，不過筆者認為Held四人並未深刻地指出轉型所可能帶來的典範遞移（paradigm shift）現象，而且討論多半仍集中在政治經濟層次而較少涉及文化及個人的感知結構（feeling structure）轉變部分。但是這種分類架構終究仍比許多偏重單一面向的全球化討論來得細膩，因此也獲得不少學者的採用，如徐斯儉（2000）即用此來分析中國大陸學者對全球化的態度。

8 全球暖化亦同時伴隨著疾病擴散的現象，有關全球暖化現象與溫室

效應（greenhouse effect）的討論可見 *Time* 雜誌2001年4月9日及明
日報（2001）的討論。

9 Beck（1999b）稱之爲世界風險社會（world risk society），認爲現代
社會的組織原則已經由過去「財富」分配的邏輯轉向「風險」分
配，而某些風險很容易超越階級、國界、種族或其他人爲的不平
等，如全球暖化現象；而另一些風險則有可能導致新的不平等，如
地區性的污染。

10 不管在學界或在一般人民大眾，都有這種將全球化予以「自然化」
（並等同於經濟上的自由化趨勢）的論述，學術圈中的討論與反省
文後將再提及，而一般民眾或政商界亦多有這樣的看法，像游前總
統府秘書長在總結經發會的貢獻時就指出：「市場經濟已是全球化
的浪潮，……在『全球化』、『自由化』的運作法則下，遵循市場
經濟的自然法則」，可參考民國90年9月10日的《中國時報》，第7
版。

11 不同的立場中自然同樣包括懷疑論者的看法，因爲他們對全球化的
懷疑，就可以視爲一種反論述的建立，同時在質疑的過程中，亦顯
示出懷疑論者的世界觀及本體論等基本立場。

12 石之瑜指出當代政治學研究中鮮少質疑以國家作爲研究前提的做
法，除了鞏固國家這一種特定的制度外，還忽視了國家的不可定義
性，在這種將國家加以去歷史化的情形下，政治學與其是種學說，

倒不如説是種政治主張，強力地推銷國家概念（2001：5-10）。

13 這種社會貨櫃理論建立在三個相互聯繫的基本假設上，分別是：
　　一、由國家限定並統治的地域是爲了領土主權與安全的統一而劃定
　　的。二、國家内部假設爲具有文化同質性，只有分配上的鬥爭；而
　　對國家外部的對立則要抱持愛國主義的態度，不惜消滅對方。三、
　　國家具有相對於社會的優先性。由這三個假設並產生了確定人類以
　　政治單元而分裂的領土原則、確認國家合法壟斷暴力的主權原則及
　　從國際關係上認可國家存在的合法性原則。（Beck, 1998: 9-12）。

14 這個概念是由 Michel Foucault 所提出，現代社會的規訓權力與可見
　　的傳統最高權力不同，是透過不可見性（invisibility）來施行的，
　　其運作交織著人的科學在進行，共同促成常規化社會（normalizing
　　society）的出現，知識的構成與權力運作之間因此是密不可分的
　　（蘇峰山，1996）。

15 Appadurai 提出族裔地景（ethnoscapes）、媒體地景（mediascapes）、
　　科技地景（technoscapes）、金融地景（financescapes）及意識地景
　　（ideoscapes）等五種歧異（difference）、斷裂（disjuncture）、不規
　　則且超越國界的流動空間（1990）。

16 Castells 指出流動空間的出現取代傳統的地方空間（space of
　　places），由權力之流（flows of power）中產生流動之權力（power
　　of flows），社會意義因此從地方中蒸發（1994：368-369），因爲空

間是社會的表現（expression），社會的結構性轉化就會帶動新的空間形式的出現，而流動空間乃是經由流動而運作的共享時間之社會實踐的物質組織（1998：387-447）。

17 Beck認為隨著經濟全球化的發展，建立在完全就業（full employ-ment）基礎之上的第一現代不再，對於個人的道德存在、自我形象無法再由工作來界定，人的自主性也更能發揮，會從工作社會（work society）走向多重活動（multi-active）的社會（2000a）。

18 王志弘指出各種社會界線除了是物質與制度性構造外，還是一種文化象徵，流動可以視為一種牽涉社會界線之劃設與跨越的表意實踐，這種論點強調的是「流動」的文化意涵（2000：13-15）。

19 路愛國整理出全球化研究中可大致區分為自由經濟學派、世界體系理論學派及現實主義學派等（2000：64）；洪朝輝亦認為可以分成新左派、新自由派、轉型學派及懷疑學派四種（2000）。

20 例如金淳基認為在中國大陸學者有關全球化的各種觀點中，存在一種獨特的看法，認為全球化可以導致或有助於一個多極化的世界秩序，金淳基指出這是中國大陸的領導人面對一個無法逃避的全球化趨勢時，嘗試建構一種因果關係的連結，才比較能說服自己去擁抱全球化（徐斯儉，2000：20）。從這裡可以看出特定研究途徑的援用及研究成果的解讀往往也反映了特定（知識）社群的需要。

21 方孝謙提出的象徵霸權接近Anthonio Gramsci的文化霸權（hegemo-ny）理論，Gramsci的文化霸權意謂在透過社會主要團體積極的同意後，所取得的道德和哲學上的領導權（Bocock, 1994）。

22 在Bourdieu原本的分類中，只有意見領域（doxy）與潛伏領域（doxa）兩部分（MacLean, 2000: 29），方孝謙將兩者合稱爲文本領域（the universe of text），又於文本領域之外加上脈絡領域（1994）。

23 葉啓政指出Bourdieu的實作（practice）概念一方面凸顯出將人視爲行動者的肯定，一方面也同時指出實作既非有意識地被組成，亦非隨機或意外地產生出來，而是有一套理路支撐著，而這套理路是人們以理所當然或習以爲常的方式從經驗中不知不覺得來的。所以葉啓政將doxa翻譯成「定信」，以強調實作的經驗特質（2000：484-492）。

24 同樣在討論Bourdieu的潛伏領域（doxa），葉啓政指出雖然定信（即潛伏領域）是以習以爲常的方式進行著，但是這並不意味著人的實作理路是固定不變、甚至是僵化的（2000：487）。而結構理路必須經過轉譯的過程才能被呈現出來，意味著任何的結構理路都逃不過人們個別之實作理路的洗禮（或謂腐蝕）（2000：523-526）。

25 MacLean強調，指向全球化的眾哲學途徑不能限制於任一學術規範

來探討全球化現象，而必須從那些被視爲理所當然的全球化實踐中著手，而且必須著根於具體的歷史分析（2000：57）。

第二章　經濟全球化

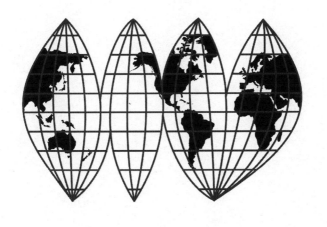

　　本章主要針對經濟全球化的各種論述進行整理討論，如同在第一章所提及的，在學界或一般民眾中，不論是站在什麼樣的立場，提及「全球化」一詞時往往首先聯想到經濟層面，各種爭論也由此環繞而生。不管是主權國家在職能、正當性基礎上所受到的挑戰；企業的全球佈局思考或一般民眾透過各種國際基金進行的全球投資；抑或是國內就業機會、經濟景氣與全球市場的緊密聯繫。這些對我們賴以生存的現實世界帶來巨大衝擊的種種現象，都幾乎直接與「（經濟）全球化」劃上等號[1]。因此討論經濟全球化，除了超全球主義者及懷疑論者兩端的論述外，還可以深入探討這種唯經濟論的現象：經濟全球化的現象固然在各層面上影響甚鉅，但為什麼會直接聚焦於經濟層次，這樣的討論為我們參與認識全球化的過程中帶來些什麼？又失去些什麼？

　　本章將分別介紹超全球主義者及懷疑論者對於經濟全球化的殊異觀點。在這裡首先要指出的是，雖然站在新自由主義立場的超全球主義者往往偏好特定經濟邏輯，頌揚全球單一市場的出現（大前研一，1996；Bryan & Farrell, 1997），但是超全球主義／懷疑論者的區分不能直接等同於規範立場上的歧異，亦即是說，即使將全球化理解成由過去國家所規範管制的經濟向無疆界的世界市場轉變的一種現象、一種趨

勢，也不能就因此將這種看法看成是全球自由市場的擁護
者。一個反對經濟全球化的馬克思主義者，可能與他們所欲
對抗的新自由主義者一樣，都認為全球化基本上仍屬於某種
「經濟」現象[2]，而且也都承認伴隨經濟全球化的過程中，國
家的權威逐漸受到挑戰進而弱化。所以在進行更深入的分類
討論前，必須確定分析的框架，超全球主義／懷疑論者的分
別不僅在於他們對現實世界的描述，還必須包括在論述者的
表達中，全球化在什麼樣的脈絡和動力中成形？為這個世界
帶來什麼樣的後果？從整體論述中抽離出的個別抽象概念
[3]，都不能據自做為劃分立場加以討論的唯一判準。由此也可
以看出，有關全球化的各種理論，不僅僅只是理論家以一種
純然中立的角度試圖為當今世界的發展進行一種「發現事實」
的學術工作，不同位置的論述者亦以各種論述形式參與了各
種全球化論述的形成[4]。

第一節　超全球主義論：全球市場的形成

「停止猶豫，擁抱市場！」，兩位麥肯錫顧問公司
（Mckinsey & Company）全球研究所的資深研究員 Bryan 與
Farrell，在近三百頁的數據實證分析後，如此熱情深切地呼
喊著，之所以必須以這麼富有情緒渲染力的口號作為全書的

結尾，是因爲兩位作者雖然深信一個全球規模的自由市場會爲這世界帶來最大可能的繁榮景象，但是這樣美好的願景仍未實現，民族國家政府在這個全球化的時代中依然負隅頑抗，是全球市場擴張成形過程中的最大障礙。儘管如此，兩位作者依然樂觀的指出：「目前全球性市場龐大的力量和資本極具機動性，正在加速眞實經濟的全球化。我們早已上路……過去兩百年間的爭辯已經結束了。決策權會持續從中央權威轉移給市場……一個開放的全球性體系，沒有人控制得住，世界的中心是一個全球性資本市場……。」（1997：302-303）。對於這些超全球主義者而言[5]，「全球化」一詞代表的就是全球市場在遵循自由經濟的原則下，於生產、金融和貿易三部分都創造出跨國性的交流網絡，逐漸擺脫民族國家的掌控，過去民族國家人爲劃定的疆界將消失在無國界的（經濟）世界中，全球化的世紀，就是民族國家的終結（大前研一，1996）。而自一九八○年代末期以來的共產政權解體，更可以讓這些論述者直接點明，在全球市場將逐漸取代民族國家國際秩序的觀點中，全球化代表的就是資本主義的全球擴張及勝利[6]（Fukuyama, 1992; Bryan & Farrell, 1997）。

　　在進一步討論各個超全球主義者的論述之前，首先要簡單回顧這個世界的變化，這些對論述者而言再眞實也不過的

實存景象，決定了他們對全球化及其影響的認識，並且決定
了論述者對於全球化這一趨勢未來可能發展方向的期待。如
前所述，在經濟全球化的範疇中應該包括貿易、生產及金融
三部分，以下分別簡述這三個部門的全球擴張過程。首先在
貿易部分，Held 等人指出，當人類開始有能力進行長程旅行
時，大型貿易帝國亦隨之興起，但是國家間交換商品與服務
的行為，亦即國際貿易，卻是在民族國家建立後才出現，自
此貿易成為民族國家最主要的財源（2001：180）。歐洲經濟
世界的擴張則始於十六世紀，並逐漸發展成一個具世界規模
的貿易網（Adda, 2000: 81-101）。而雖然這個大規模的世界
貿易網在十九世紀時隨著反重商主義（anti-mercantilism）氣
候在政治界與知識界的鞏固[7]，加速國際間貿易活動的質量
發展，全球貿易量的成長速度愈形加快，此時的全球貿易成
長率已經高於全球收入成長率（Held 等，2001：191），但是
超全球主義論者仍往往將有關貿易全球化現象的討論聚焦於
二十世紀第二次世界大戰後，甚至是二十世紀最後幾個世代
中的全球貿易擴張[8]，第二次世界大戰後，國際貿易的增長
速度遠勝於歷史任一時期，「自由貿易」原則由一九七〇年
代經濟合作暨開發組織（OECD）國家建立，八〇年代中擴
散到其他開發中國家，這個自由貿易體系並且在前東歐、蘇

聯共產世界解體後納入這些前社會主義國家，可以說全球貿易體系在一九九〇年代後已經成形。對於個別國家而言，日漸上升的貿易強度則代表貿易活動已經成為國家發展經濟能否成功的重要因素，從另外一個角度看，也代表世界各國對出口的依賴程度不斷提高，各國經濟的發展愈發依賴於在世界市場中的發展。戰後成立的關稅暨貿易總協定（GATT）及1995年建立的世界貿易組織（WTO），則為全球貿易提供基本的規範原則，尤其世界貿易組織旨在降低或除去所有貿易上的限制及縮小各國貿易條件的不同，可以說是貿易自由化中的一個重要制度性力量（Ibid.: 204），這些全球自由貿易體系的完備及全球自由貿易行為的出現也成為全球市場建立的基礎。

　　全球金融體制的發展歷經幾個階段，分別是1870年至1914年的古典金本位時期[9]、兩次世界大戰之間的貨幣失序[10]及二次世界大戰之後的布雷頓森林體制（Bretton Woods system）[11]，布雷頓森林體制的運作有賴於體制內其他國家對美元的需求，但是當其他具競爭力的國家恢復自戰爭以來損耗的元氣後，開始拒絕繼續在國內積累美元[12]，加上歐洲美元金融市場空前發展以及油價暴漲造成的石油美元（petro-dollar）流動[13]，布雷頓森林體制已經無力繼續維繫，1971

年美國總統Nixon宣布美元不再能夠自由兌換黃金時，亦標示著固定匯率制及布雷頓森林體制的終結，由此之後開啓浮動匯率（floating exchange rates）的時代，（在理論上）意味著各國貨幣的價值將由全球市場勢力所決定。布雷頓森林體制瓦解後，全球金融流動亦大幅擴張，表現在國外直接投資（foreign direct investment, FDI）、國際銀行貸款、國際債券、跨國界股票流動、衍生性金融商品及國際貨幣市場的發展上（Ibid.: 250-258）。結合通訊及資訊科技（information technology, IT）的發展[14]，國際金融交易的數額和速度大增，一天二十四小時中隨時都存在即時（real time）的交易行為，「完全擺脫了時間和空間的制約和負擔」（Adda, 2000: 149）。

最後談到生產部門的全球化，這個過程主要由多國籍企業（multinational corporations, MNCs）推動，第二次世界大戰後，多國籍企業開始全球性地登場，透過國外直接投資、合併（mergers）和購併（acquisitions）的手段擴張企業的跨國影響力，通訊和運輸科技的改善強化多國籍企業總部對國際生產過程的控制，並基於成本的考量建立起全球性的分工及生產網絡，以面對全球性的競爭，而對於「全球競爭」的認識亦主導國家政策的議程設定及企業的策略選擇，跨國企業在決定其國際分工體系時，個別民族國家所能提供的競爭

優勢往往是考慮的重點。

　　面對這些現實上所發生的變化，超全球主義者因此（略帶欣喜地）發現一個嶄新的世界已然成形，大前研一就指出，不管在認識或行動上，都不能再囿於「政治疆界這類過時的語彙」，「如今的經濟現勢中已出現一種越來越不分國界的語言，也就是真正的全球化市場」，大前研一指出投資（Investment）、產業（Industry）、資訊科技（Information Technology）以及個別消費者（Individual Consumers）這四個 I 以全球為範圍的流動現象，將使得世上所有的經濟單位都無需假求政府的協助，就可以輕易獲得他國資源或市場，這種發展使得民族國家在經濟事務的管理功能上已經無用武之地；Bryan 與 Farrell 亦認為未來全球資本市場的供需將以地球為規模進行（1997：29）。在這種趨勢下，民族國家「越來越像是虛構的懷舊小說」（大前研一，1996：18），不再如過去一般能享有其所宣稱的經濟主權[15]，「國家所握有的這份權力，卻有逐漸轉至全球資本市場之勢……單一價格法則將統御未來的市場……一個完全整合、完美的全球市場」（Bryan & Farrell, 1997: 24, 149）。民族國家政府在全球資本市場的發展過程中，不僅無力主導經濟事務的管理，亦不能協助全球市場的完善建立，還反而只會「興風作浪、製造

動亂」，扭曲市場功能（Ibid.: 33）。雖然如之前所提到的，第
二次世界大戰後的黃金時期，結合凱因斯主義及福利國家體
制的民族國家在經濟上取得重大的成就，但是隨著全球市場
的建立與擴張，超全球主義者認為由國家進行調控的凱因斯
主義已經過時，無力面對全球市場中的競爭態勢，而過去由
國家對國內特殊、弱勢團體提供「起碼的文明」[16] 方面的補
助，更是妨礙競爭效率的表現，民族國家政府往往屈從於選
票的壓力，以「公平」的名義，對特定團體、特殊利益施以
補貼與保護，但是這些受補貼的事業非但無助於提升國家競
爭力，反而會「嚇跑」全球經濟（大前研一，1996：60-
87），既得利益團體與其支持的政治人物總是會抗拒全球資
本市場的革命性發展（Bryan & Farrell, 1997: 211）。當今要追
求經濟成長，只有大力「迎接全球經濟的到來，不再考慮政
治疆界的聯屬關係」（大前研一，1996：94），致力於資本市
場的解除管制（deregulation）。面對資本主義市場全球化的
浪潮，國家能發揮的職能愈形弱化，只有積極轉型符應市場
邏輯的需求，Thomas Friedman（2000）形容這過程就像是為
民族國家穿上一件「黃金約束衣」，國家必須朝讓民營企業
主導經濟發展、消除外界投資障礙、開放市場等等經濟自由
化、解除管制的方向努力。大前研一則呼籲不管是在面對統

計數字[17]或者思考競爭策略時，都應該放棄繼續從民族國家
的角度出發，取而代之的是區域國家（regional state）或區域
經濟（regional economy）的概念[18]，民族國家必須認識到，
儘管它們不願意承認，但只有下放權力給國內不同的經濟區
域，讓這些區域參與全球化的競爭過程，讓特定區域的繁榮
帶動其他地區的成長，否則繼續吶喊捍衛「國家利益」就只
是一種愚昧之仁了。因為只有區域國家的領袖才能夠以「全
球化邏輯」為優先考量，「區域經濟的本質就是應全球化經
濟的需求而形成的」（Ibid.: 141）。在這個全球市場主導、意
識形態對立已然終結的新時代中，大前研一疾呼：「事到如
今，已經不是辯論共產主義和民主主義理論孰高孰低的時
候，也不是爭執國家管制和自由市場貿易孰優孰劣的場合…
…真正能促成一番成就的遠見，都是從一開始就完整、開放
的接納區域國家的價值，並接受區域國家所要求的相當的行
動自由。」（Ibid.: 199）民族國家必須認識到，「如果不想傷
害國民、經濟和立國之本，唯一的辦法便是參與、配合全球
資本革命。」（Bryan & Farrell, 1997: 35）除了提供一些必要
的基礎建設外，管理經濟事務的能力必須轉讓給充滿活力的
區域國家。這是一個「地圖的幻滅」的時代，過去以民族國
家為主體畫出的世界地圖已經無法繼續讓我們認識這個世界

（大前研一，1996：29）。

對於超全球主義論者而言，顢頇的民族國家已經無法爲它們的國民帶來更好的生活，相反地，全球自由市場的開展卻最能提升生活水準，創造更多的就業機會（Martin, 2000: 13），帶來一場「空前的世界性實質經濟成長」（Bryan & Farrell, 1997: 30; Friedman, 2000: 122），如同之前回顧中提到的，全球金融市場的開展將使資本以全球爲規模到處流竄，已開發國家中的多餘資本及成熟技術將可流入開發中國家，帶動快速經濟成長，這種情形對全球的生產者與消費者而言都是最有利的，消費者的選擇與生產者的機會都會大量增加（Bryan & Farrell, 1997: 216）。除此之外，全球資本市場也是對世界上所有投資者最有利的，投資者可以以全球爲規模，計算風險與報酬，選擇獲利最高、風險最小的目標投入資本，全球市場的發展成熟，就像前段大前研一對區域經濟的看法一樣，亦不過是市場中的所有參與者，不斷地追求自我最高利益，而自然發生的[19]（Bryan & Farrell, 1997: 148，黑體字爲筆者所強調）。即使國家在全球資本市場成形的過程中，解除各種管制，但不能因此就認定市場力量是在國家積極介入的情形下才轉變的，其實這些全球性的解除管制措施「都只反映了市場和經濟的力量」（Ibid.: 88）。全球資本主義

因此不同於過去由民族國家所掌握的封閉體系，而是一個沒有權力中心的開放體系，Friedman 就說「全球化最基本的道理是：**沒有人在負責**」（2000：129），全球市場是由分布全球、沒有名字的跨國投資者所掌控，在每個投資者的理性計算互動中成形，全球資本主義的核心，就是投資大眾和市場（Bryan & Farrell, 1997: 260; Friedman, 2000: 130）。權力就掌握在每一個投資人的手上（Friedman, 2000: 87），從另一個角度觀察，這種全球市場的形成也意味著民主的落實[20]，全球投資者可以透過**透明公開**的資訊流通，自主的決定資金的流向。簡言之，散布全球的、自主而理性的消費者、投資者與生產者共同促成了全球市場的成形。

在這種全球化的過程中，不僅政治疆界受到挑戰，就連社會疆界也不得存續。除了全球市場的強力擴散外，包括生活方式、品味風格也出現一種疆界毀壞的現象，民族國家架構受到全球化效應的侵蝕，生活風格亦不再侷限於國家疆界內，在全球範圍中出現跨國界的「生活風格社群」或「生活風格空間」（孫治本，2001b），但是超全球主義者往往忽略形成跨國風格過程中「個人主義化」[21]的雜異傾向，而僅僅專注於全球市場及消費文化擴散過程中的同化現象：在資訊流通開放的全球市場中，「全世界的消費者……已經開始發

展出相似的文化期望。……處處可見這種同化的過程。」
（大前研一，1996：41）這種過程被稱之為品味和偏好的
「加州化」，這種品味趨同的現象，更是支撐無國界全球化經
濟得以順利開展的重要動力，全球市場配合資訊科技及媒體
的發展，就像是一個文化的新熔爐一般，將形成一種跨國界
的文明（Ibid.: 40-58）。Friedman雖然不支持這種伴隨市場開
展所帶來的文化同化，略帶憂心的指出必須建立一種健全的
（healthy）全球化：其中文化能進行有效率的交流，促進一個
文化多元的世界。因此各個社會應該藉著建立多重過濾機制
以抵抗全球資本主義對其文化的進逼，但是這些作為其實並
無法保證特定文化的存續，一切端賴於文化自身的能力[22]，
不同的文化各憑本事地在全球市場上競爭，只有能提供給全
球消費者他們想要的東西時，才可能保證其生存發展，「這
是物種和文化進步的方式」（2000：292），文化一如物種
[23]，有其自然演進的過程，一種特定的文化模式若在全球資
本主義市場中消失，Friedman或許會感到遺憾，但似乎也只
能繼續訴諸道德性的呼籲，畢竟這是市場力量的決定！品味
的加州化會否發生尚待觀察，但是終究必須尊重全球消費者
的意志展現！

　　綜合上面的介紹，經濟全球化的超全球主義者有一些共

同的觀點，包括：

- 視全球化爲全球自由市場開展的過程，遵循自由經濟原則的資本主義市場將以全球爲規模擴張，這是一個二十世紀末期才出現的嶄新現象。

- 民族國家不管是走向終結或職能弱化，都將不再是全球化過程中的主要行爲者，必須配合全球市場的發展。

- 自由競爭的全球市場是符應人性、自然發展的[24]，全球化發展的結果可以有效分配資源，改善經濟生活並促進民主深化。

- 主導經濟全球化發展的是一套自然的經濟邏輯，這套邏輯不僅凌駕於國家本位的政治邏輯之上，也同樣適用於對文化生活的理解。意識形態的對立在全球經濟中是無意義也無須存在的。

第二節　懷疑論者看經濟全球化

　　介紹完超全球主義者對於經濟全球化的樂觀看法後，接著要討論懷疑論者的觀點，不過一如本章開頭所提及的，要清楚地在任何一種全球化的討論中對兩極意見做出區隔不是

件容易的事，即使在歸類於同一陣營的論述者，當中也存在著種種差異，如前所述，這些差異不僅僅因爲分析方法及援用資料所造成的不同認識，還包括了論述者自身未必能察覺的規範動機及鑲嵌於己內所固有的世界觀。不論處在什麼立場，大部分的研究者都希冀建立一套體系化的實證知識，以揭露許多無法經過（設定好的）檢驗的論述，打破這些制約學界、一般民衆認識行動的衆多「迷思」（myth）[25]。但在揭露這些大小迷思的同時，卻往往忽略語言具有的隱喻性[26]，使得知識的建立過程中，無可避免地總會產生「誤認」的現象，因此，必須注意的是，也許根本並不存在一個掀開迷霧之後的澄澈眞理，對全球化現象的拆解分析，其實還是在特定的文化、社會、政經脈絡中成形，無法超越研究者在特定時空條件下所受制約而形成的認知與思想模式，論述全球化即是一種社會活動，一種關於全球化的社會活動。葉啓政即引述Richard Rorty的觀點指出：任何的知識只是在某種預設準則下支撐人們所共同經營出來的交談內容與形式，是相互反應，也無所謂「正常」與否可言（2000：46）。因此即使援引大量實證資料，各種關於全球化的觀點都只能算是以特殊的形式表達出論述者對於全球化的不同看法，同時反應出論述者的不同立場。懷疑論者的質疑，可能是因爲對於超全

球主義者在諸多概念上的含糊不清感到不滿（Hirst & Thompson, 1996）；可能是來自左派對全球資本主義的鬥爭（Chilcote, 1999b）；也可能是生活實踐中對全球化的反彈（Boxberger & Klimenta, 2000）。「懷疑論」者概念框架的提出只能讓我們約略看到一群模糊的身影，其內包含的各種差異是進行研究時必須認眞對待的。

Held等（2001）指出在經濟全球化的議題上，懷疑論者多半認爲當代全球市場的整合程度其實不如超全球主義者所宣稱的那般空前，國家在國際秩序中依然能夠保有主導地位而不是讓步給新興的全球市場，而且全球市場建立的過程中也沒有如超全球主義者宣稱的一般能爲世界上的人民帶來經濟生活的改善，國際秩序仍然奠基於以西方先進工業國家爲主導的不平等體系。這樣的描述雖然初步勾勒出懷疑論者的面貌，卻忽略了懷疑論者中的差異呈現。本節因此將Held等人定義下的懷疑論者分成兩個部分進行討論，第一種懷疑論者從概念的解析正名上出發，透過實證數據、歷史分析試圖拆穿超全球主義者論述中諸多概念的迷思[27]，強調談「全球化」不足以正確理解我們生存的世界，希望能夠提供一個較正確的認識圖像；第二種懷疑論者則持強烈的批判觀點，儘管也許會如同第一類懷疑論者一般質疑「全球化」究竟存在

與否，但對他們而言，更重要的著力點往往集中在經濟全球化爲人類及地球環境帶來的種種惡劣影響，這類看法經常與左派觀點結合，並擴及到各類草根社會運動中。

一、眞實或虛構：究竟存不存在經濟全球化？

　　如前所述，這第一類的懷疑論者不滿於超全球主義者所提供的全球圖像，不滿的原因卻未必出自道德上的驅力或責任，更多時候是不滿於超全球主義者的論述中，充斥諸多不精確的概念，有必要透過更細膩、實證的分析予以釐清，而這項學術工作可以全面性地觀照經濟全球化議題（Hirst & Thompson, 1996）[28]，也可以就單一概念如跨國企業進行剖析（Pauly & Reich, 1999）。質疑了超全球主義者的論點並不代表這些懷疑論者就一定是站在「反全球化」的一方，但是他們的許多分析卻往往爲各階層的反全球化人士所運用，以見證超全球主義者所主張之全球化論述的虛假。這是進行本項分析前必須先點明的地方。

　　Hirst 與 Thompson 在 1996 年寫作的 *Globalization in Question: the International Economy and the Possibilities of Governance* 一直被視爲是這類懷疑論者的代表作，兩位作者也自承對全球經濟這一現象持溫和的懷疑立場（moderate scepticism）（Ibid.: 2）。因此本項討論主要引述這本書中的觀點。兩位作者在全書開頭處就直指激進的全球主義者[29]在理論建構上的幾個困境，分別是：缺乏一個可接受的關於全球經濟的模型，亦無法說明全球經濟（global economy）與之前的國際經濟（international economy）有何不同；這些全球主義論述中並且缺乏歷史深度，試圖將當今現象描繪成史無前例的獨特時刻。而他們寫作的目的是針對這些全球化修辭提出批判，進而繼續強調國家、國際層次對經濟治理的可能性（Ibid.: 2-3）。對他們而言，經濟全球化並非是歷史上的全新現象；在全球經濟中理應起關鍵作用的跨國公司亦未如超全球主義者宣稱的這般蓬勃發展；所謂的「全球化」事實上只代表北美、歐洲及以日本為首的亞太地區三邊區域的強化（triadization）而未真正擴散全球。兩位作者指出，超全球主義者在大力鼓吹無疆界市場的全球經濟到來之時，有必要為此概念提供周延的分析及經驗證據，否則斷言我們已身處一個（經濟）全球化的時代就只是一個不必要的迷思（unnecessary myth）。對兩位作者而言，真正的全球經濟必須不再受地方、社會因素的牽制（socially disembedded）；真正的跨國公司（transnational corporations, TNCs）取代多國籍企業（MNCs）成為全球經濟中的主體；公共權威面對這些跨國公

司時則是相對無力的，連帶缺乏流動能力的勞工階層也日益
弱化；國際政治體系則會走向多極化（multipolarity）（Ibid.:
10-13）。如同在第一節中所提到的，儘管貿易、金融以及生
產三部分，在歷史上都存在長期的跨國交流現象，但是超全
球主義者往往對這些歷史現象存而不論，只專注於二十世紀
末期的「新興現象」。Hirst與Thompson對此現象提出更細緻
的批評，指出不管是企業的國際化[30]、國際間的貿易整合互
賴[31]、國外直接投資及國際貨幣典則[32]等現象都曾經在歷史
中出現過，只是在不同時期有不同的面貌展現，而在國際經
濟間運行已久的治理機制（governance mechanisms）需要的
是針對不完善處再加組織（reorganization），而非遽以空洞的
「全球經濟」概念取代（Ibid.: 18-50）。

　　另外代表市場力量對民族國家提出挑戰的多國籍企業，
也受到Hirst與Thompson的質疑，如同之前所提出的，兩位
作者認為在真正的全球經濟中，多國籍企業必須為真正的跨
國企業所取代，不再受地方因素的羈絆，因此有必要對多國
籍企業的商業活動究竟主要在哪些地方運作加以檢驗（Ibid.:
76）。比較幾個主要的OECD國家之後，兩位作者指出，多國
籍企業的母國（home country）依然是主導企業活動的主要
因素[33]。不論是生產製造部門中，多國籍企業的海外子公司

或分支（subsidiaries and affiliate, S&A），或是服務、銷售及企業的資產分布，都呈現出企業母國及鄰近區域才是多國籍企業經濟活動的核心區域，即使在科技及研發（research and development, R&D）部門，大部分國家的多國籍企業也呈現出集中在母國的傾向[34]，換言之，這些多國籍企業的經濟活動都表現出強烈的母國偏差（home country bias）[35]。不過兩位作者也意識到，這種數據上的比較並不能反映出多國籍企業在商業策略上的實質取捨[36]，有必要對於「質」的部分加以細究（Ibid.: 76-98）。Pauly 與 Reich（1999）則在這個議題上發展研究，指出多國籍企業的民族性（nationality）是在從事企業活動時的重要基礎，不同於 Hirst 與 Thompson 主要從資產或市場分布來認定企業的母國偏差，Pauly 與 Reich 強調的民族性是來自歷史經驗及源自這些經驗中的制度與意識形態遺產，而這兩樣歷史遺產又構成了國家的基本結構，這些結構會在國內企業運作上留下不可抹滅的印記[37]，因此兩位作者認為企業活動的操作上，包括了內部管理、資金取得及運用、研發活動以及投資與貿易策略等方面，會受不同國家結構的影響而產生重要的系統差異（Ibid.: 158-159），根植的民族性（national rootedness）對於企業未來創新發展及策略選擇的方向都有著重要的影響[38]（Ibid.: 179）。 Michael

Veseth（1998）則在比較過 Nike 、 Boeing 、 Microsoft 以及
The Frank Russell Company 四個不同產業的全球公司（global
firm）之後，指出真正在供需面上都符合全球化現象的多國
籍企業是很少的[39]，這些公司在發展過程中也不是完全單靠
經濟邏輯擴展市場，本國政府力量的介入、人際網絡的影響
都是至爲重要的因素[40]（Ibid.: 47-73）。總之，不論是從活動
數量分布或是策略管理的差異顯現，多國籍企業都仍是以母
國爲重，深受母國市場及歷史影響，並沒有如超全球主義者
所言，出現一個有能力、有意願不受束縛而縱橫全球的跨國
企業。

　　另外，在第一節的介紹中可以看到，超全球主義者大體
樂觀的認爲經濟全球化是對所有人有利的，除了先進工業國
家之外，也能爲第三世界國家帶來經濟生活的實質改善，資
本、技術在無疆界的全球市場中會流動到這些開發中或未開
發國家裡，帶動經濟的成長。但 Hirst 與 Thompson 指出，如
果真有一個全球經濟的存在，那麼也不會是全球主義者理想
中的完全競爭市場，國際市場空間是極度不平均的，企業策
略聯盟的過程中，終究將全球市場導向寡頭治理的組織（oli-
gopolistically organized），超全球主義者忽略了市場中存在的
先占優勢（"first mover" advantage）（1996：58-60），現實

的國際經濟呈現出來的現象是，不論是企業間的合作或國外直接投資的流動，都集中並交互強化在北美、歐盟及以日本為首的亞太地區三邊[41]。存在於已開發國家及開發中國家之間的不平等現象不僅未見減少，反而有日趨嚴重的情形（Ibid.: 58-69）。Hirst 與 Thompson 因此認為要追求一個更公平的世界，不能寄望於超全球主義者樂觀期盼的市場力量，而必須透過公共政策的積極干預，試圖建立機制改善前述的不平等景象[42]。這些管理機制可以分為五個層次，分別是：(1)透過主要大國間的相互協定進行治理；(2)透過建立國際管制機構治理；(3)貿易區域內部的治理；(4)國家政策層次的治理；(5)地區層次的治理[43]（Ibid.: 121-151）。兩位作者固然對超全球主義者的諸多論點提出反駁，但這並不代表他們認為民族國家的自主性絲毫未受打擊，只是他們不似超全球主義者一般宣稱國家經濟政策的自主性（national economic autonomy）在經濟全球化的過程中會受挑戰甚且消卻，他們強調的是所謂國家自主性本來就不是一種絕然不變的存在，國家自主性能表現到什麼程度，要由當時的國際經濟環境及治理機制來決定（Ibid.: 49-50）。民族國家對其領域內所擁有的排他權力（exclusive power）是有其歷史特殊性的，將「政治」「治理」等議題理解成為民族國家及國家間活動的時代已經

過去了,在多中心的(polycentric)政治概念中,國家只是
不同治理層級中的一層,也必須與其他治理機構從事競爭,
同樣的,必須將「治理」視為一種功能,多樣的公部門/私
部門、國家/非國家、國家/國際組織都可以執行這種功
能,不同層次間的治理功能因而也必須相互合作。對兩位作
者而言,嶄新紀元的標記不是所謂的全球經濟,而是類似中
世紀時期的多層次權威。民族國家仍保有主權(sovereign-
ty),只是主權的意義已經發生質變,民族國家依然重要,其
重要性在於它是這些多層次管理機制的發動與監督者。只有
建立起這種多層次治理的國際經濟秩序,才可能為國際經濟
活動提供穩定的金融貿易架構(Ibid.: 170-194)。簡言之,
Hirst與Thompson一類的懷疑論者不滿意的是,在超全球主
義者論述中的諸多概念事實上無法通過實證檢驗,有必要加
以釐清。除此之外,他們其實在這些關於現實世界的描述中
也指出屬於他們的全球化方向,只是在這種全球治理的圖像
中民族國家仍然扮演重要的角色。

二、利益相關還是利害相關?

　　提倡利害相關者資本主義(stackholder capitalism)甚力
的Will Hutton認為,現在社會中許多不穩定的因素起於強化

自由貿易的過程中，造成社會的不穩定及極化（polariza-
tion），在他的觀察中，利益驅動（profit-oriented）的發展模
式已經使英國社會出現巴爾幹化（Balkanization）的結構性
失調（structural fissures）的現象[44]，而英國模式則是全球圖
景的縮影（2001：6）。因此有必要透過利害相關者資本主義
的政治綱領對國際經濟體制進行改革。本項由利害相關者的
呼籲開頭，並不是為了深入探討它們的行動綱領，或是呼應
他們的政治訴求，而是要藉此指出，在超全球主義者眼中的
美好圖像，其實只是反映了利益相關者資本主義（sharehold-
er capitalism）的期望，每個行為者都能依理性追求極大利
潤，不但無法讓多數人享受最大的善果（goods），反而帶來
社會的分裂及各種惡果（bads）。超全球主義者論述中所關切
的主體是那些可能轉化成利益相關者的對象，而非一切可能
受波及的利害相關者[45]，不同國家、不同階層的人們享有的
只是不平等的自由（unequal freedoms）（McMurtry, 1998）。
因此在本項中的懷疑論者，未必如Hirst與Thompson一般汲
汲於各項觀念的澄清並質疑全球化的存在與否，而是更關注
於全球化所帶來的種種（惡劣）影響[46]。這一類懷疑論者中
包羅甚廣，也有來自左派的強力批評，也正因此，他們提出
的觀察與行動綱領更是充滿差異，不能簡而概之。

　　Gérald Boxberger 與 Harald Klimenta（2000）兩位作者指出資本市場的全球化過程中，跨國公司與資本的影響力日漸龐大，世界市場決定了社會福利水準及生態環境優劣的命運，地球已經轉變成一個屈從於經濟壓力的行星。他們認為在超全球主義者關於全球化的描繪中存在許多必須加以拆穿的謊言[47]。不過兩位作者依然是從經濟面定義全球化：「全球化意味著通過貨物、資本和勞動力相互經濟競爭的區域的擴大」（Ibid.: 46），只是這種發展並不如超全球主義者所言是自然的趨勢，而是透過政治意願來加以人為推動的，在第一節提到的各種國際貿易建制的建立，只是用以確保投資者對於政府的各種權利，各國政府卻無法要求投資者負擔關於社會及生態的保障責任，這種自由貿易和全球化是透過政治力量推動的，而非不可避免的宿命[48]。在第一節中可以看到，超全球主義者認為福利國家的存在無法有效率的配置資源，只會降低國家的競爭力，兩位作者則指出只有運轉良好的社會福利體系才能帶動勞動生產率，福利國家並非競爭的不利因素，而是一種減少投資者短期利潤的體系（Ibid.: 67-68，黑體字為筆者所強調），國家活動也不似大前研一所認為的無效率而沒有必要存在，保證市場秩序、適當的補貼措施、公共財（public goods）的提供、國營企業的存在以及保護環

境的義務都是國家可以發揮功能的領域[49]；兩位德國作者以
德國在世界經濟上的強勢表現，來說明在製造過程中勞動生
產率比勞動成本更加重要；德國對外投資的數額雖然逐漸上
升，但這並不如鼓吹全球化人士所言，表示德國國內的社經
結構已經阻礙德國的國家競爭力，相反地，對外投資的增加
除了是德國強大經濟實力的表現外，更說明了超全球主義者
念茲在茲的「國家競爭力」，往往只是跨國企業以撤資藉以
要脅民族國家的修辭[50]，這種威脅不斷逼使民族國家裁減國
內的福利體制以配合跨國資本的需要，跨國資本的去留成了
民族國家政權存續的正當性（legitimacy）基礎[51]，這種經濟
全球化挑戰了第二次世界大戰後結合福利國家及議會民主的
國家體制，在本質上是與民主政治相對立的（Gray, 1998b:
17-21）。企業主以競爭力之名，往往只從成本角度考量，運
用所謂的「合理化」策略盡可能地降低勞動成本，在這種情
形下，即便一個國家的經濟成長率提升，也不意味工作崗位
將跟著增加[52]，兩位作者指出，正是由於全球性金融、商品
和就業市場之間的**競爭**，才造成這種失業率節節上升的情況
[53]。即使在超全球主義者宣稱可以有效解決失業問題的英美
兩個全球化模範國中，增加的工作機會也是遷就企業的成本
做彈性（flexible）考量，貧富差距愈形擴大[54]（Boxberger &

Klimenta, 2000; Martin & Schumann, 1998; Beck, 2000a）；這
種貧富兩極化的現象也不單出現在民族國家內，如同在本節
第一項中所提到的，資本的全球流動都集中於三大經濟區域
內，大部分的貧窮國家除了接受捐贈和多邊援助外吸引不到
任何資本，這些發展中國家無法在全球化中受益，反而對先
進國家愈形依賴，陷入永遠無法發展的困境中[55]（Patnaik,
1999; Adda, 2000; Martin & Schumann, 1998）。最後，超全球
主義者如大前研一宣稱在自由競爭的全球市場中，消費者將
能有更多的選擇，但事實上，市場中追求的不是多元商品，
只有創造最大利潤的商品才能存活，與新自由主義結合的超
全球主義者樂觀期盼的美好多元世界並未出現，存在的只是
國內國際上的日益極化現象及不斷壟斷集中的權力
（Boxberger & Klimenta, 2000）。更重要的，這種在生產和科
學研發上都以追求利潤極大化作為驅動力的全球化，還將對
地球的生態環境帶來嚴重的浩劫（劉宇凡，2002）。

　　在上段中可以看到這些懷疑論者從生產、貿易等角度提
出批判，除此之外，對於金融全球化造成的失序及危害更是
許多論者著力之處。如同第一節中所提到的，隨著資訊科技
的革命性發展，金融領域成為經濟全球化範疇中真正可以不
受時空限制、跨越疆界流動而連結全球市場的部門。

Friedman甚且從這現象中感受到結合金融與科技的民主化，將會爲全球民主的深化帶來新的契機。即使從懷疑論者的角度觀察，金融全球化的現象也象徵著當代全球化的新型態[56]，Francois Chesnais等就認爲全球金融流動的現象標誌著一種新的積累體制：「金融占統治地位的全球化積累制度」（2001：300），這個體系比起其他（經濟）領域都更能將世界作爲一個整體而運作[57]，金融領域是市場國際化最發達的領域，也是資本運作達到最高靈活程度的領域。但事實上，也正是在這個最全球化的領域中存在最高的不確定性及脆弱性，1982年的墨西哥危機、1987年的華爾街股市崩盤、九〇年代初的金融蕭條、1995年再度爆發的墨西哥危機及1997年後的亞洲金融風暴，這些金融危機並未隨著這套新積累體系的鞏固而有消滅之勢，危機也不僅僅侷限於金融領域而擴散到整個經濟世界中，同時，危機也不會停留在特定疆界內，「導致緊急事件的可能性是很小的，然而潛在的可能的危害範圍卻幾乎是無限的」（Martin & Schumann, 1998: 123）。Susan Strange就認爲這個具有高度不確定性（uncertainty）的全球金融體系「很快的變得與一個巨型賭場沒什麼兩樣」，而這個巨大賭場與一般賭場最大的不同即在於它的全球性：每個人都可能毫無選擇地被捲入這個每日遊戲可能

帶來的混亂中（2000：1-5），這是個由瘋狂金錢（mad
money）所組成的「賭場資本主義」（casino capitalism）[58]，
這樣一種真正無國界的市場不是自然生成的，而是由許多政
治權威所做出的關鍵決策、非決策（non-decision）影響下才
逐漸走向全球性的規模，也正因此，試圖「冷卻賭場」就必
須指望以美國為首的強國採取積極的態度規範全球金融體
系，否則全球金融投機客將會是賭場中唯一的勝利者。在這
個真正全球化的經濟領域中，風險也是真正全球地散布著。
Veseth 在分析過九〇年代的貨幣危機後，以混沌理論（chaos
theory）來說明全球（金融）市場的高度風險，指出必須重
視經濟全球化現象中存在著偶然性（randomness）、不可預測
性（unpredictability）的特質，一個由理性驅動的全球市場其
運作結果卻可能是無法預期的失序現象，因此必須對全球經
濟結構進行非線性（nonlinear）、動態（dynamic）的質化分
析。我們不能忽略全球市場可能帶來的不穩定（instabili-
ty）、混亂（chaotic）及危機驅動（crisis-driven）的特性
（1998：103-132）。

　　最後，從左派的觀點出發，超全球主義者宣稱的全球化
其實就是帝國主義的代表，不像 Hirst 與 Thompson 一般懷疑
全球化的真實性，對於帝國主義的批判首先必須肯定資本主

義在全球的滲透，事實上，「世界經濟和全球的體系，在本質上都是資本主義的，而且從Marx的年代起一直是這樣的」[59]（Chilcote, 1999b: 2）。Samir Amin認爲資本主義全球化的邏輯，就是要在全球範圍內將政治和意識形態置於經濟的從屬地位（1999：158），這種與資本主義相聯繫的現代的全球化[60]，本質就是促進兩極分化的，由於全球資本在新技術、金融流動、自然資源、通訊傳媒以及大規模軍事武器的壟斷，建立起不平等的國際分工體系，在這種全球體系中無法提供邊緣國趕上核心國的可能性，只會加深擴大不平等的差距。因此，「全球化就是帝國主義的同義詞，帝國主義不是資本主義的一個階段——也不是最高階段，它是資本主義永恆的特質」（Ibid.: 161），「這個被描寫成全球化的過程，本質上是過去情況的延續，其基礎是剝削性階級關係的深化和向原先處於資本主義生產體制之外地區的擴展」（Petras, 1999: 184-185）。Prabhat Patnaik則抨擊超全球主義者論述中反映出的資產階級國際主義（bourgeois internationalism）觀點，這種觀點相信資本主義（及市場）是建立在和諧而非衝突基礎上的潛在進步和人道力量[61]。但事實上，建立在外部征服基礎上的資本主義，只會讓落後國家的專業化生產不但無法帶來實質上的發展，而只是滿足了核心國家的需要，而

且還會讓落後國家永遠無法擺脫這種依附的結構位置。另外，全球資本主義在削弱特定國家能力的同時，反而也促成特定激進族群或宗教意識辯證地順應全球化的推動而勃興，換言之，資本主義全球化的結果是在全球各地帶來多樣強烈的衝突，超全球主義者的主張與推動全球化力量的結合，代表的正是要讓人們接受帝國主義的統治（1999： 179）。因此，必須將（超全球主義者的）全球化理論視為一種讓資本解放及其各種不平等後果來取得正當性的意識形態，或者，更直接地將這些自認為世界朝著全球化前進、自己代表了未來浪潮的全球化理論稱為「全球主義鬼話」（globaloney）（Petras, 1999: 182, 198）。這一種做為帝國主義化身的全球化必然招致來自世界範圍、多階層的反抗。

　　總結本節，懷疑論者對超全球主義者的質疑實在多元龐雜，筆者雖然將之分類成兩部分處理，但是也不代表兩類懷疑論者的立場就必然涇渭分明，比如說 Hirst 與 Thompson 雖然不承認全球化的存在，但是他們的許多論證依然為相信全球化已經發生的另一類批評者所援用。來自左派的批評雖然必先接受資本主義全球化的現實，但也不代表在他們的論證中不存在釐清概念的工作。許多從生活中感受到全球化惡果的行動者，更是視抗爭場合選擇性地引用足證支撐行動的論

述。這個現象再次說明了經濟全球化議題中「懷疑論者」旗幟下的多元性。最後，筆者仍試圖爲這些懷疑論者的觀點做出整理：

- 將全球化的發展回歸歷史脈絡中理解，經濟全球化並不是一個全新的現象[62]。經濟全球化不是自然演進而成的，而是透過人爲政治力量所形塑的。

- 所謂的「全球化」並不是一個多元自由的發展趨勢，而是呈現出高度不均的現象，南北衝突依舊。

- 經濟全球化結合新自由主義意識形態，對民族國家的民主運作、福利體制、勞工及環境保護帶來嚴重的挑戰。全球金融市場更存在高度不穩定性及高風險。

- 經濟全球化的發展只對少數國家、少數階層有利，全球市場中的眞實現象是權力集中與壟斷。

- 經濟邏輯無法全然凌駕政治邏輯之上，民族國家在規範全球及國內市場上仍有其重要性。

第三節　綜合討論

　　總結超全球主義與懷疑論者關於經濟全球化的不同說法，本節將對各論述進行爬梳討論，試圖找出不同論述的侷

限性，這麼做的目的除了在釐清不同論述間所定義的全球化
究竟為何，論述間各自有著什麼樣面對世界、解釋現象的難
題外，還更盼望追求論述間對話的可能性。最後在本節尾
端，筆者試圖指出一種重新在歷史中定義的經濟觀也許是一
個可供不同立場論述開展對話的基礎。

　　如前所述，談經濟全球化的超全球主義者往往將全球化
現象等同於全球資本主義市場的擴張，在這個全球市場中信
奉的是追求自由化、私有化、解除管制的（新）自由主義策
略，一九七〇年代以來開展的國際私人資本流動，佐以八〇
年代英美兩國政治形勢的轉變及資訊科技的高速發展，共同
推動了當代全球化圖像的成形。對於超全球主義者而言，因
為自由經濟的本質是符應人性的，所以這種全球化的趨勢也
必然形成一股不可逆的時代潮流，全球市場的擴散也終將為
世界帶來富庶及和平，因此強調自由競爭的經濟邏輯必須凌
駕於政治邏輯之上，民族國家相對於全球資本、全球市場的
讓位也是可以預測的趨勢。這些現象都是自然而然的發展
著，一經啓端即無退縮之可能。Bryan 與 Farrell 即如詩般的
頌著：

　　　因此，我們相信全球化雖然已經進行到某種程度，

　　但是離完成還有相當的距離

　　我們相信全球化會繼續進行下去，一直到市場沒有

　　任何變則可以鑽營為止

　　一直到大型哺乳動物死光、絕種為止

　　一直到全球資本市場成為單一、整合、有力的市場

　　為止（1997：90）。

　　事實上，Bryan 與 Farrell 在數據詳密的分析中仍然不忘透過隱喻的運用來拉近與讀者的距離，他們指出全球資本市場的力量就像希臘神話中普羅米修斯（Prometheus）為人類帶來的火種一樣，為人類帶來巨大的力量[63]。不管是火種或為人類犧牲奉獻的普羅米修斯，在兩位作者看來，自由市場都隱約代表著一種超越歷史的自然規律，人類的力量不足與之抗衡，這似乎也反映出超全球主義者的潛在想法。John McMurtry 就認為在自由主義經濟學者的心中，市場有著如神般的地位：在市場中有著一位看不見的最高統治者（invisible Supreme Ruler），其創建的市場秩序是普遍的（universal）、無可避免的（inevitable）與絕對的（absolute），遵循這種秩序運作才能獲得最高統治者的讚許，為所有人帶來幸福與繁榮，試圖抗拒、挑戰這神聖秩序的下場則將是貧窮、墮落與

不幸的懲罰，現實生活中雖然最高統治者的美好保證不一定
總能出現，但仍要保持堅定的信念做出必要的犧牲（sacri-
fice），那些試圖挑戰這神聖秩序的社會、政府將被視為是違
抗人性自由的惡徒（evil）。這些信念將市場經濟的原則轉化
而成市場神學（market theology），這個信念結構（belief
structure）雖然存在已久，但卻是直到我們生存的年代中，
才第一次以全球為範圍進行宣傳擴張，並且不再遭遇來自政
府的挑戰（1998：57-84）。對於McMurtry而言，這種未經
檢驗（也不一定通得過考驗）的新自由主義信念，就是一種
全球市場的價值帝國主義（value imperialism），堅信在全球
自由市場中能提供更好、更有效率的生活（Ibid.: 28）。John
Gray也認為這種單一全球市場的構想是啓蒙計畫
（Enlightenment's project）的一種，試圖透過理性（reason）
與效率（efficiency）來建立一種普世文明（universal civiliza-
tion），這種無視於多元文化及歷史脈絡的計畫終究無法實現
而將只是一種啓蒙的烏托邦（Enlightenment Utopia）
（1998b：3）[64]。全球自由市場的信念一如馬克思主義在二
十世紀的社會改造工程，都是啓蒙信念下發展的產物，認為
人類必須以單一普世文明作為其進步的終極目標，這種實驗
注定是失敗的。Gibson-Graham（2000）則提出反本質主義

式（anti-essentialism）的批判，他指出超全球主義者對其他國家推銷新自由主義政策時所採用的論述，都隱藏著將經濟領域視爲是一種有機體（organism）的比喻[65]，有機體中不同器官能正常發揮功能、相互合作對身體是最好的，一如自由主義經濟學中假設的自然分工現象能帶來最大的福祉，只要有機體內部能由**理性**管治[66]，就可以不受外界干擾而運行良好，經濟是社會整體中展現理性的部門，自然有支配社會其他領域的能力，「它是理性和秩序的場所」（Ibid.: 269）。這種主宰左右兩派的經濟（有機體）論述都反映了**啓蒙現代性**的普遍主義想像。針對這些論述的批評因此也都注意到在這類全球化觀點中的**封閉性格**，這種論述所呈現的是去歷史、去脈絡的圖像[67]，其對世界的理解是線性的（linear）、指向單一終點的**進步史觀**。

汪暉（2000b）與 Gray 一樣都引用了 Karl Polanyi 的理論，除了強調十九世紀自由市場的出現是個有意識的政治工程外，他更從時間與歷史的向度拆解新自由主義者的主張：從 Adam Smith 以降，「經濟」轉化成世俗時間（secular time）的領域[68]，形成一種自我循環、自我調節、自我進化的機制，這種時間觀念「構築了一種自然的秩序，它不但是對上帝和國王的擺脫，而且也是對於生產和流動過程中人的活動

的抽象化。它的實質內容就是自然權利和經濟」（Ibid.: 18）。
但是因為資本運轉中面臨的週期性危機，資本總是必須向外
開拓新的市場與機會，資本主義的運轉總是必須不斷地溢出
原有的市場軌道、尋找新的發展空間，否則就無法重建資本
的循環過程（Ibid.: 22）。因此這種自我循環的、世俗的、自
然的時間觀必須被一種直線向前的、超越的、同樣自然的時
間觀所取代，周轉的時間觀念必須轉換為展開的空間觀念，
而空間的關係也必須被轉化為時間的關係，在這種直線前進
的時間觀中，不同時期的階段演化代表著人類的進步軌跡，
同時，不同階段也標示著處於同一時期的不同地域、不同民
族的狀況，換言之，地球上不同地區的空間關係被表現成資
本、文明進展的時間關係。時間的觀念獲得空間的表達形式
（Ibid.: 21）。在這個過程中，現實的歷史關係被轉換成抽象的
時間關係，古典政治經濟學也由此蛻化為一種**經濟學**[69]
（Ibid.: 25-34，黑體字為筆者所強調）。換言之，超全球主義
者的世界觀中反映出一種「資本運轉的目的論」[70]，這種自
行調節規約、自主運轉、自我證明為真的全球化論述已經背
離了實際的生活實踐與生活史（Kalb, 2000: 13-14）。Polanyi
和 Fernand Braudel（1999）的研究都指出所謂的經濟生活其
實是鑲嵌坐落於具體的社會情境中，對於日常的物質生活與

經濟世界都應投以同樣的關注[71]。Gibson-Graham（2000）
的討論中更是強調不能再將經濟領域視爲封閉孤立的有機
體，經濟領域是一個受多元決定、繁衍不息的社會場所。綜
合以上評述，超全球主義論述的問題就在於其對歷史的簡
化、抽象化與非人化，論述中只存在著單一而命定的歷史結
構，由宣稱是展現啓蒙理性的經濟邏輯主導這規律的運作，
所謂「自由主義」的訴求卻只有在抽象封閉的結構中才得以
實現。

　　超全球主義者論述中如此強烈的去歷史傾向自會引致學
術及生活上的反彈，本章提到的兩種懷疑論者都試圖引進歷
史的向度藉以挑戰超全球主義者的全球化觀點。Polanyi指出
在市場領域掙脫社會領域束縛的轉型過程中，會出現雙重運
動（double movement）的現象：一方面「自我調節」的市場
試圖要把勞動、自然和金錢全轉化爲商品；另一方面，這三
者在本質上卻又絕非是爲了出售而生產再生產的商品，因此
這個轉型過程中必然產生矛盾與衝突，社會會建立自我保護
機制以遏止市場的進一步發展（許寶強，2000：68）。全球
市場的擁護者推動解除管制（deregulation）的同時，必然產
生大規模要求重新管制（reregulation）的呼聲（Kalb, 2000:
14）。第二節中提到的第二種懷疑論述中各種形形色色的反

全球化勢力，即希望透過展現現實生活中全球市場實踐所帶
來的各種惡劣影響，作為開展第二重（重新管制）運動的基
礎，換言之，即使不一定像Gray一樣將批判目標直指全球市
場背後隱藏的啓蒙計畫，但在面對抽象、絕對化的全球市場
論述時，這些具體的生活實踐卻提供了強大的拆解動力，這
些懷疑論的論述策略表現出的是將試圖掙脫社會限制的市場
重新鑲嵌在具體的歷史文化脈絡中，由此，全球市場擴散帶
來的諸多問題也可以透過社會、政治機制的重新建立試圖加
以規範解決。

　　同樣將超全球主義者的論述置於歷史脈絡與實際生活中
檢驗，本章中提到的兩種懷疑論卻仍存在差異：像Hirst與
Thompson之類的懷疑論者固然解構了許多超全球主義者的概
念，但是對他們而言，批判全球化的「概念」要比批判全球
化本身要來得重要，兩位作者想說的是，這世界其實仍與過
去無甚不同，固然有些變化發生，但這些變化並沒有眞正改
變國際間的政經結構，而過去的認識範疇也只須稍做修正即
可了解我們身處的世界，對他們而言，超全球主義的問題未
必在於全球市場擴散後對各種人類建制及地球環境帶來的破
壞，而在於這些超全球主義者將事情說得太**誇張**了！因此有
必要對這些支撐住超全球主義的諸多概念進行實證分析據以

解構，這個學術工作雖然有一定的貢獻，部分成果爲反全球化運動拆解超全球主義論述時提供理論元素，但就像他們自己隱約認識到的，實證數據的闡明不一定能解釋「質」的變化，一個不管在生產、市場或策略上都高度依賴母國的大型企業或許在兩位作者的論述中稱不上是眞正的全球性跨國企業，但是這不代表它們不具有全球性的影響力；國際間的資本流動與貿易行爲固然集中於三大經濟區域內，但這不也表明了當代全球化帶來的排除效果及不均分配現象嗎[72]？Castells 即指出當代全球經濟的特色就在於「藉由**吸納**或**排除**於生產、流通與消費的過程中來影響整個地球，並在同時全球化與資訊化」（1998：140，黑體字爲筆者所強調）。Chesnais 也指出 Hirst 與 Thompson 的分析對「質變」缺乏敏感，忽略了近二十年來全球經濟上許多重要的變化[73]（2001：5），在貌似歷史性地比較國際經濟於各時期的變化時，卻無視十九世紀古典金本位時期與當代全球化——建立在以金融爲主導地位的全球積累體系——之間的重大差異。貿易依存度、跨國投資流向的實證數據只能畫出國際資本不均流動的樣貌方向，卻無法讓我們看見當代全球化現象中積累體制由福特主義（Fordism）向彈性積累（flexible accumulation）模式的轉變[74]（Harvey, 1989: 141-164; Beck, 2000a:

68-69）。這許多生活上的變化在Hirst與Thompson的分析中
是看不出的，兩位作者不自覺地也讓他們的論述脫離了豐富
的生活實踐本身。Ulrich Beck在對全球化的分析中區分出全
球主義（Globalismus）、全球性（Globalität）以及全球化
（Globalisierung）三個概念[75]，指出「全球主義強調的是世界
市場對政治行動的排擠或取代，將全球化的多面向性簡化成
直線式的經濟面向」（1999a：12），如前所述，超全球主義
者的論述正符合Beck定義下的全球主義，但是這種全球主義
式的思考卻不會僅以正面表述的方式呈現，Hirst與
Thompson兩位作者的論述很明顯的是在超全球主義者對於全
球化的想像框架中進行批判，亦即論述兩造皆認為真正的全
球化就是資本主義市場的全球擴散，不同之處只在於Hirst與
Thompson認為這樣的全球市場並未出現，所以無法接受人類
歷史已經邁入全球化階段的說法。可以說這種懷疑論述與超
全球主義者的爭辯，一如共享同樣社會價值與認識框架的正
統／異端，其實都還是處在同樣的論述領域（doxy）中。這
是一場已然被設定好的論戰[76]。

　　這種積累典則上的變化及其對生活、消費及美學感受所
帶來的影響因此也是左派批評家必須嚴肅面對的。如前所
述，左派學者將當代（經濟）全球化現象視為是帝國主義宰

制的延續，「在帝國主義的理論框架下，可以很容易地理解資本向帝國主義的公司單向集中與單向流動的現象」（Petras, 1999: 185），觀察過去與當代的全球化型態，Petras認為並沒有「質」上的差異，主要不同處在於當代的資本主義幾已擴散到地球任一角落，形成唯一的經濟制度、（金融）資本的運動規模更大並深化國際勞動分工，但仍是由帝國主義國家主導的國際不平等結構。即使認識到金融資本透過資訊科技而獲致的無遠弗屆的流動能力，Petras依然認為這個過程只是透過舊的網絡運行，資訊科技只有在討論其背後的權力及利益結構時才有意義（Ibid.: 193-195）。這種態度Beck稱之為「紅色保護主義」，面對當代發生的種種演變，只能繼續以階級鬥爭的姿態，對抗已成野蠻主義（barbarism）化身，大規模進行剝削的全球資本主義（Kagarlitsky, 1999）。這類繼續守住左派教條戮力無產階級國際主義路線的，一部分就像之前Gray對全球自由市場提出的批判一樣，都只是烏托邦式啓蒙計畫的一種，仍試圖藉單一普遍文明的指導，引領人類走向進步的終點，因而成為忽視現實生活中多元實踐樣態的封閉論述。從福特主義走向彈性積累，Harvey雖然承認是延續而非斷裂的狀態，彈性積累仍然是資本主義形式的一種[77]，但是如前所述，彈性積累典則下的生產流程、勞資關

係、全球貿易與資本流動都發生變化。例如女性、非技術勞
工及外勞在強調「知識」、「創新」的生產中被排除到邊緣
的位置，在地的工人面對全球流動的資本更形弱勢，彈性的
生產流程更削弱工人的有效組織（1989：147-153），這些變
化都標誌出當代全球化現象的特別之處，左派的批判鬥爭因
而也必須順應這些變化做出調整因應。Beck 的危機典則
（risk regime）概念就是爲了正視這些變化而生，對於Beck而
言，福特主義是安全（securities）、確定（certainties）、有明
確界定疆域（clearly defined boundaries）的第一現代（first
modernity）中的積累典則，進入彈性積累時期的危機典則則
與Beck 提出的第二現代（second modernity）理論相呼應，與
第一現代相反，第二現代中是不安全（insecurities）、不確定
（uncertainties）以及疆域喪失（loss of boundaries）的
（2000a：69-72）[78]，第二現代是第一現代運作的反思性結
果，是爲了面對世界發生的變化並指向一個開放、無法預期
有多重可能性的未來。與Harvey不同的是，彈性積累典則中
的各種現象被Beck視爲是新的社會創造力的能量來源，不論
是工作、消費的個人化（individualization）、經濟與工作的次
政治化（subpoliticization）[79]、數位化（digitalization）中工
作的彈性化、虛擬化（virtualization）及理性化（rationaliza-

tion)、生態危機帶來的市場中勞資關係的重組、全球流動的危機對在地勞工的影響等等，都標誌著一個新型態社會的出現（的可能），身處片段、破碎工作流程中的勞工不是被動地接受著一切，而可能是積極地重構行動主體[80]，以更彈性、更自由的方式掌握自我的時間與生命。Beck的危機典則儘管可能過於樂觀，但卻是面對這種種變化後試圖重建對世界、對人類定位的認識框架，不管理論的結果如何，這是一種對全球化論述的參與建構，為論述的發展蔓延提供一個開放的方向。

　　在本章中討論的許多全球化觀點因此陷入Beck所言第一現代式的對立思考，全球的與在地的（local）對立與其他各種形式的二元對立並存，一如在本章中不斷碰觸到的國家與市場的對立，許多論述是在確立這樣的對立關係中才得以發展的[81]，如同第一章中所言，這種在論述領域中的對立往往忽略了其他被經驗確信而排除在文本論述之外的重要現象，換言之，許多建立在對立關係上的學術論辯，往往無法意識到意見領域與潛伏領域（doxa）的界線問題，而只能在（有意無意）設定好的議題上發揮，無法認識到論述領域與潛伏領域之間的關係也是歷史性地變化著，不是不能挑戰的對象（MacLean, 2000: 30）。從這個角度出發，本章中提及的超全

球主義者及懷疑論者都必須檢討自身的「唯經濟論」立場，重新探究、創造全球化現象中各種有意義的討論，全球化必須被視爲是一個與多方因果作用力互動的複雜概念，不論站在擁護或反對懷疑的一方，都不能輕率地將之抽象化，而必須在實際的生活與學術實踐過程中生產全球化諸論述。率爾對全球化現象進行抽象化的學術工作，往往只是在封閉的結構中複製既有的對立範疇，並在過程中繼續鞏固學術規訓的霸權地位。只有回歸眞實而多元的生活實踐，承認歷史、社會及文化等各種脈絡因素對於制度及行動者的鑿刻，才可能開啓論述間對話的可能性[82]。

　　本章整理了經濟全球化論述中超全球主義者與懷疑論者的觀點，除了各自的全球化定義外，也爬梳了不同論述中的哲學假設及其反映出的世界觀。這些論述者一如筆者，書寫全球化的同時即參與了全球化的建構，正反論辯其中有許多都陷入一種將複雜的全球化現象限縮於經濟領域，並不加反思地在既有的對立認識框架下發展理論的困境，除了無力開展論述間的對話外，也無從窺知全球化現象的多元豐富面貌。筆者認爲，研究者必須意識到理論建構與形塑全球化過程間的關聯性，並對這一現象投以歷史地、現實地關懷。本文接著將繼續處理全球化現象中其他領域的議題。

註釋

1 例如學界中的王振寰即指出：「全球化（globalization）一詞從一九
八○年代以來就是國際政治經濟中的最爲流行的關鍵詞之一，它指
涉以下的現象：過去以民族國家規範爲範圍的經濟和貿易、投資等
活動逐漸被世界性的跨國界的組織網絡組合起來，而大幅地避開了
國家和國際的規範架構。」（1999：71）；商界中的施振榮則認爲
全球化就是「一種趨勢……，不管資金、產品、技術、人，都在全
球流動。」他認爲全球化有兩種意義：「首先是到國外做生意，這
是地理意義的國際化；……另外一層是行動的意義，也就是無論做
任何事情，都要有國際化水準。……此外，企業內部在全球化的思
考裡，也要有分工整合的概念。」（裴元領，2001：25）。雖然施振
榮沒有嚴格的區分全球化與國際化兩個概念有什麼不同，但這都不
妨礙他們從經濟的角度去理解「全球化」這個新興流行的詞彙，對
他們而言，全球化可以簡單看成一股挑戰舊有民族國家疆界的**經濟
力量**。

2 James Petras 指出「按照其最一般的含義，全球化指的是貨物、投
資、生產和技術的跨國家流動」（1999：181），全球化與數百年來
的資本主義擴張並無本質上的不同，「全球化既是一個帝國主義的
現象，又是一個階級的現象。」（Ibid.: 186）。Ronald H. Chilcote 亦

指出在九〇年代，關於發展和帝國主義的理論開始吸收全球化這個術語，用它表達到處滲透和擴展的世界經濟（1999b：2），由上述幾段引言可以看出，即使站在批判全球化的角度，兩位作者同樣由經濟的角度爲全球化下定義。

3 例如前述提過的「市場力量擴散」、「國家權威弱化」等說法，不論由持哪種觀點的人提出，都忽略了可能針對關於「市場」、「國家」、「經濟」等概念及其分類所提出的深入批判，這一點在本章第三節將會有較深入的討論。

4 左派的批評家自然強調結構中的權力、階級位置，會影響到不同的行爲者對全球化的態度（Petras, 1999）；但即使是擁護全球市場的新自由主義者，亦在字裡行間中承認身處不同經濟位置的行爲者，亦有可能因爲既得的利益受到衝擊而反對一個理應帶來最大經濟效益的全球自由市場（大前研一，1996）。有趣的是，這些描述只看見研究客體的差異位置，卻往往無視於自己所處的特定立場亦決定了對世界的描繪與認識。

5 當然，這些作家未曾使用過「超全球主義者」這個詞彙來定義自己的立場，對於他們而言，全球化本來就是這麼一回事！「不管各國政府或政黨喜不喜歡全球市場的發展……政府勢必要失去對國內經濟的直接控制力。」（Bryan & Farrell, 1997: 26）。

6 Jacques Adda 直指「論述全球化，就是回顧資本主義這種經濟體制對

世界空間的主宰。」（2000：27）。這種帶批判性的觀點如果代換成較中性的說法，相信 Bryan 與 Farrell 兩位也不會反對。

7 Adda 認爲，十七世紀時的重商主義是一整套的實際做法而不是一個真正的理論，是國家有系統地干預經濟生活的第一個例證，重商主義今日所具有的反面形象可以追溯到 Adam Smith 在《國富論》一書中的批判（2000：64），Adam Smith、David Ricardo、John Stuart Mill 等人從古典經濟學的角度提倡自由貿易，加上經濟發達國家，先是荷蘭、再是英國相繼放棄保護主義轉而鼓吹自由貿易，於是除了後進發展國家如德國採取新重商主義保護初生的民族工業外，自由貿易在意識和實踐上都取得主導的地位。

8 本節討論到的大前研一以及 Bryan 與 Farrell，在書中就完全未提及十九世紀的經濟全球化發展，而只專注於二十世紀九〇年代以後全球市場的開展，Bryan 與 Farrell 更是集中於最能表現資本自由流動特性的全球金融市場上。。

9 十九世紀末期，世界主要通貨的價值是釘住黃金的價格，是一種固定匯率的體制，古典金本位制於1878年正式建立。在此時期雖然資本向全球流動，但只有英國資本可以稱得上是眞正地擴及全球（Held 等，2001：237-244）。

10 第一次世界大戰導致古典金本位體制的崩潰，雖然英美兩國在戰後聯合倡導並於1928年重建金本位制，但是其後發生的經濟大蕭條

（Great Depression）削弱國際性的金融合作，金本位體制已失去整
合能力。於此時期，資本主要用來做國內投資（Held等，2001：
244-246）。

11 布雷頓森林體制要求每個國家的貨幣對美元都要有固定的匯率，實
際上成為一種美元體制。於此時期，資本主要侷限在國家的疆域
內，各個民族國家政府於管理其國家經濟時有一定程度的自主權
（Held等，2001：246-248），國際間的金融流動主要表現在兩部
分：分別是美國對其歐亞洲盟友所提供的雙邊援助，以及國際貨幣
基金（IMF）及世界銀行（World Bank）的多邊援助（Adda, 2000:
151），國際貨幣基金及世界銀行可視為是布雷頓森林體制高度制度
化的表現。有關國際貨幣基金在援助過程對開發中國家政策的影響
可見Bird（1996）。

12 Francois Chesnais等指出，布雷頓森林體制從一開始就充滿矛盾，
包括：美元既扮演國際本位角色，又是國內貨幣；資本主義市場得
到恢復，但資本卻不能自由運動。這些矛盾雖然最初受到抑制，但
是戰後黃金時期的經濟成長終使矛盾顯露而使體制崩毀（2000：
38）。

13 石油輸出國家組織（OPEC）在1973年調漲四倍油價，讓大量資金
由石油進口國移向輸出國，一方面對岌岌可危的布雷頓森林體制帶
來更沈重的打擊，一方面石油輸出國獲得的大筆盈餘投入國際貨幣

市場，增加國際金融的流動性（Petrella, 1996: 69）。

14 有關資訊科技對全球經濟的影響，請參閱 Manuel Castells（1998），他認為全球經濟是歷史上的新現實，不同於世界經濟，區別在於全球經濟中，「全球能變成一個單位而以即時（real time）運作，資本主義生產方式以其不斷的擴張為特徵，總是嘗試克服時空的限制，但只有到了二十世紀末，世界經濟才能以資訊與通訊科技之新基礎設施為根基，真正變為全球性的。」（Ibid.: 98-99）

15 Bryan 與 Farrell 特別安慰那些憂心政府失去控制經濟能力的人，指出政府失去的只是對原本就不合理的財務政策的控制（1997：183，黑體字為筆者所強調）。

16 大前研一所指的這些「起碼的文明」包括國家所提供的電話、郵政、水電等服務。

17 比如說，關於個別國家平均生產力的統計數據中，看不到個別產業的發展狀況，這其中也往往只有少數具競爭力的產業能真正賺到錢。

18 對於大前研一而言，這些區域都是自然生成的經濟區，它們可以坐落某一國家境內，也可能跨越國界，但是這根本無關緊要，特定經濟區域與民族國家的結合，只是歷史的偶然（1996：124，黑體字為筆者所強調）。他也指出，不同於民族國家在國際間總是從事零和的經濟競爭，區域國家創造的是雙贏的局面，區域國家甚至是較

具包容性的，區域國家歡迎任何有貢獻的人，不管貢獻來自國內或國外（Ibid.: 185）。

19 Martin（2000）指出自由市場經濟在本質上就是全球的，也是人類努力奮鬥的高峰；吳惠林則在大前研一（1996）一書中文版的序言中就指出，大前研一的論說，只是回歸人的本位，「讓每一個人重新成為活生生、有血有肉、有主見、有責任、有自信的個體。」這種認為市場經濟只是反映人性基本需要的看法，自 Adam Smith 之後就一直是（自由主義）經濟學的基本假設。

20 Friedman 認為經濟全球化的過程中發展出科技民主化——資訊、通訊科技的普及、金融民主化（借貸及投資的民主化）——資金的全球流動不再受少數國家及銀行壟斷，以及資訊民主化——二十四小時、不斷更新的開放資訊（2000：63-87），而這些透過資訊科技遊走全球金融市場的「電子游牧族」（electrical herd）能促成「來自遠方的革命」（revolution from beyond）或「全球化革命」（Globalution），使民族國家政府感受壓力，進而達成制度透明化、標準化、新聞自由、民主化等目標（Ibid.: 181-204）。

21 也就是說，某一特定的「生活風格族群」是貫穿分布於不同的階級、階層或社會位置，同一生活風格族群中的個人，亦未必有著共同的命運，換言之，社會分類必須揚棄舊的架構，充滿各種可能性（孫治本，2001b）。

22 Friedman矛盾而不自覺的指出，必須在社會中培養壯大的中產階級及社會菁英份子，因為他們願意不帶著利潤觀點地投身社會，保存文化。即使他認為有必要創造一些市場無法入侵的空間，但是他也承認，即使體質非常好的文化也不一定擋得過電子游牧族入侵的力量，「到了今天，不同的文化是待價而沽，供全球消耗之用的」（2000：287）。

23 本處Friedman始終運用類似達爾文主義（Darwinism）的優勝劣敗觀點理解文化的生存衰敗，或者我們該說，文化一如商品，無法獲得消費者青睞的也只能見證其本質的薄弱性。

24 這種自然形成發展的全球化就像Friedric Hayek所說的「自發秩序」（spontaneous order）一般，這種自發秩序也是自我成長（self-generating）、自我組織（self-organizing）的秩序，Hayek的自由理論，可以參見何信全（1988）。

25 這種現象不論在超全球主義論者或懷疑論者身上都可以看得到。顧名思義，懷疑論者有相當多的機會直指經濟全球化的諸多論證都只是一種迷思，這一點在文後將會提到；但同樣的，即使是超全球主義者如Bryan與Farrell（1997），亦試圖透過實證數據強調全球金融市場並未如懷疑論者強調的那般不穩定，對他們而言，來自懷疑論的批評毋寧也是一種未經檢驗的迷思。

26 葉啟政引述Cassirer的話指出，隱喻可以說是一種「移譯」或「翻

譯」，它連接兩個特定、且不相依賴的個別經驗領域，導使一端向另一端轉化，從而使一端得以在語義上替代另一端（2000：43），有了隱喻性的關聯，世間的事物才變得可以理解。

27 但是他們往往也是在這些超全球主義者所設定的認識範疇中去進行拆解，而未必能基進地重新建構一套新的認識模式，這點在文後將再進行討論。

28 這裡的「全面」當然還是只聚焦於經濟層面。

29 兩位作者所指的激進也是極端的（extreme），這邊指的就是Held等人定義的超全球主義者。

30 兩位作者指出商業公司的國際化歷史遠自中世紀時期即已開展，由此甚至帶動義大利地區跨國金融網絡的出現。十七世紀時期荷蘭與英國的東印度公司（Dutch and British East India Companies）則是建立在汲取殖民地資源基礎上的跨國公司（Ibid.: 18-20）。

31 兩位作者指出國際貿易的整合程度經歷幾個階段，1853至1872年時，世界貿易的成長率已經高於世界生產率，1872至1911年繼續維持這樣的成長趨勢，1913年後國際貿易成長率則呈現下滑至1％的現象，一直到第二次世界大戰之後國際貿易的開放程度逐漸增加，1950年後恢復高比率（超過9％）的成長，但是在1973年後及八〇年代中期，世界貿易成長率又下滑至十九世紀末期的水準（約3.5％左右）（Ibid.: 20-22）。

32 這些發展在第一節中有簡單的介紹，Hirst 與 Thompson 又細緻分類

如下表（Ibid.: 32）：

國際貨幣及匯率典則	時期
1. 金本位	1879-1914
2. 戰間不穩定期 　a. 浮動匯率 　b. 回歸金本位 　c. 回復浮動匯率	1918-1939 1918-1925 1925-1931 1931-1939
3. 以美元爲標準的半固定匯率制 　a. 建立可兌換性 　b. 布雷頓森林體系	1945-1971 1945-1958 1958-1971
4. 以美元爲標準的浮動匯率體制 　a. 難以達成共識期 　b. 回歸浮動匯率制	1971-1984 1971-1974 1974-1984
5. 歐洲貨幣體系（European Monetary System, EMS）及大馬 　克區（greater Deutschmark zone）	1979-1993
6. 干預協定（Plaza-Louvre intervention accords）	1985-1993
7. 全球浮動匯率的趨勢	1993-

這樣繁瑣的分類是爲了呈現國際金融在貨幣及匯率方面於不同時期的多樣性，而每種典則的維續時間都是有限的，未來亦有再發生改變的可能性。而即使在布雷頓森林體系瓦解後的八〇年代，美國亦試圖透過 Plaza-Louvre 協定來穩定美元，以求與歐洲德國馬克區及日圓相抗衡，允許透過干預手段穩定匯率。

33 這邊不是指這些多國籍企業的商業活動完全集中於母國，而是母國中的活動占了極高（至少一半以上）的比例，母國之外的活動選擇

也主要以鄰近區域爲主。

34 在這一點上不同國家顯現出不同的情形,荷蘭、德國等國的研發科技活動有超過半數的比例是在母國外進行的,但是大部分的國家,海外研發部門的比例大都未超過30％。

35 兩位作者也指出,這種偏差其實反映的是一種母國優勢(advantage)。

36 例如我們可以知道一個企業有多少比例的國外活動,卻無法單純透過數據理解這比例對於企業經濟活動的戰略重要性,占30％的跨國經濟活動其重要性可能比母國內的70％都還要來得重要。

37 雖然使用結構(structure)一詞,兩位作者強調不管是制度或意識形態都是動態(dynamic)的存在,只是不容易發生大規模的快速變革(Ibid.: 159)。

38 例如比較美日兩國的多國籍企業,在研發活動上,美國強調的是分散、創新取向(innovation oriented),日本則強調高而穩定的成長、過程取向(process orientation);企業管理上,美國是短期持股(short-term shareholding)、經理人受資本市場高度影響、尋求風險活動的(risk-seeking),日本則展現出穩定的持股、經理人受網絡限制(network-constrained)、在網絡中克服風險的(Ibid.: 177)。

39 需求面的全球化(demand-side globalization)指的是企業的產品能

在全球消費市場中銷售；供給面的全球化（supply-side globaliza-
tion）則是指這些全球性公司透過全球分工，獲得原料、勞工等資
源（Ibid.: 49）。

40 例如Boeing公司在打開海外市場時，就必須配合美國不同時期的外
交政策；而Frank Russell這家跨國性金融諮詢公司，也並非依恃資
訊科技革命後才崛起，人（people）的因素：由個人信賴關係拓展
（personal trust relationships）的網絡，才是它們獲得顧客信賴的重
點。

41 即使外資在七○年代大量湧入拉丁美洲，也沒有帶來實質的經濟成
長，反而使拉丁美洲國家在發展過程中更加仰賴來自國外的資本，
失去對經濟政策的管理能力（Ibid.: 115-116）

42 有趣的是，兩位作者認為民族國家之所以願意透過建立各種合作機
制來改善這種全球不均的經濟圖像，不是因為道德良心上的驅力，
而是來自各民族國家的自利（self-interest）考量，因為這種全球不
平等的情形持續惡化，就有可能形成世界失序（world disorder），
帶來如難民潮、南北衝突等問題。因此，一套有效進行全球重分配
的機制對已開發國家也是有利的（Ibid.: 69-72）。在這裡Hirst與
Thompson分享了跟自由主義經濟學家一樣的人性假設，也接受了
國家做為國際間主要行為者的假設，儘管這種認識與兩人提出的國
際治理新架構是有衝突的。

43 在第一個層次中,可以處理諸如匯率、貨幣政策等問題;第二個層次則是針對特定面向的經濟活動而生,例如WTO的建立,或是像在國際金融活動中建立拖賓稅(Tobin Tax)以遏止金融投機之議;第三個層次則是指像歐盟或北美自由貿易區(NAFTA)這類的經濟區域,這些比一般民族國家來得大的經濟區域,可以追求較嚴格的社會政策目標,而經濟區內的市場需求亦大到足以抵抗來自全球市場的壓力;第四個層次則是透過國家政策,試圖在企業與社會利益間的衝突合作中找到平衡點;第五個層次則是強調地區為提升國際競爭力所能提供的集體服務。

44 Hutton認為英國社會已經變成一種30 / 30 / 40的結構,30%的勞動力被排斥在工作外,30%的人是邊緣性的,只有40%的人擁有穩定的工作(Hoogvelt, 1997: 147)。

45 如果在此引入Beck的風險社會概念,則可能牽涉相關的利害層面又將更為廣闊。換言之,對於生產活動或利潤的追求都不能僅從企業成本的角度考量,而必須納入更廣泛層次,如地球生態環境等的考量。

46 當然,在前項討論中可以看到,Hirst與Thompson亦指出國際間不平等現象的加劇,不過這並不是他們關切的重點,在釐清超全球主義者各個概念後,更重要的是如何透過多層次的合作建立國際新秩序,而這個新秩序也不完全是為了解決這些全球化帶來的惡果而生

的，例如兩位作者認爲在特定經濟議題上可以建立國際組織以管理，但是他們舉出的WTO卻恰恰是許多反全球化人士大力抨擊的對象。

47 這些謊言包括：全球化是不可阻擋的、社會福利國家付出的代價太大、全球化是解決失業問題的機會、德國工資太高了、國家過多地干預經濟、歐元對歐盟國家都有利、英國和美國是創造就業崗位和財富的榜樣、發展中國家從全球化中受益及全球化給世界帶來多樣化等十項。由於兩位作者都是德國人，因此會直接討論德國與全球化的關係，及論證統一使用歐元後造成的歐洲國家競爭加劇現象，不過這些特殊例子並不妨礙他們論證在引用上的合適性，尤其對於德國現象的諸多討論都可以拿來與台灣社會內部的討論做比較。

48 兩位作者指出不管是世界貨幣體系、金融交換體系、貿易組織或者多邊投資協定都是政治力量運作的結果。由此兩位作者也認爲透過政治力量推動的全球化也可以通過政治過程來改變（Ibid.: 54）。同樣的，兩位作者在反對歐元的論證中也指出，歐洲統一貨幣的出現不是由歐洲社會，而是由那些全球化的主要受益者所推動的，歐元也只對高度工業化的歐洲中心地區特別是資本擁有者有利（Ibid.: 113-127）。

49 提供市場一個基本框架秩序才能避免惡性競爭；補貼措施可以用來調整國內市場結構；基礎建設等公共設施及不以營利爲最終目標的

國營企業都是國家能提供的服務；而追求利潤極大化的企業更不可能主動採取環境保護措施。

50 德國這種對外投資及生產轉移在兩位作者看來並不能用工資成本差異來解釋，以服裝業為例，大部分的生產車間並不是移往低工資地區，這些生產轉移現象主要原因是歐洲國家間的稅收競爭，因此這類資金及生產的移轉就算不留在德國，也不能為資金移入國帶來就業機會的成長。總而言之，一國資金的外移與否並不能與該國的競爭力劃上等號，這些資金外移的現象經常是跨國企業藉由撤資威脅民族國家予以稅賦優惠，造成國家間的毀滅性競爭，導致社會傾銷，財政惡化現象的擴散（Ibid.: 104-113）。

51 王振寰指出政權正當性的理論，除了章伯式的志願性（voluntary）概念、新馬克思主義的積累功能觀外，還必須加入有權者（power holder）的相互認可一項。其中第二及第三項正當性命題都可以用以說明跨國資本對政權正當性的重要影響（1993：25-30）。

52 這些合理化策略包括：生產部門外遷、生產過程簡化、生產程序刪減以及生產人員解雇等。除此之外，技術革新帶來的自動化生產將會使得就業機會大量減少，形成一種20：80的社會：20％的勞動人口即可足以維持世界經濟的繁榮，這意味著世界上有越來越多的勞動力將閒置不用（Martin & Schumann, 1998）。

53 兩位作者認為事實上工作機會是足夠的，只是一旦滿足了大部分勞

動人口的就業需求，就不能滿足企業期盼的高利潤率（Ibid.: 82）。

54 兩位作者指出美國增加的工作崗位主要集中於那些工資低且沒有社
　會福利保障的「快餐式工作」，創造出勞動窮人（working poor），
　低工資更使這些勞動者需要更多的（臨時）工作機會，貧富差距拉
　大的結果是社會分化、犯罪率增加；在英國，自1979年Thatcher
　夫人執政後推行解除管制（deregulation）、自由化（liberalization）
　及私有化（privatization）等新自由主義政策，結果是英國國內擁
　有固定工作的勞動者人數大為下降。

55 這些經濟落後地區的債務往往只能通過國際間的強勢貨幣支付，為
　了獲得這些貨幣，這些負債國必須透過生產的專業化強化出口，但
　是這種透過專業化的出口導向策略，往往在國內造成糧食作物減
　產、土地使用加劇等災難，在國際市場上也無力提高出口產品的價
　格，還必須購買食糧以應國內之需，長期下來，將陷入「專業化的
　陷阱」而無法翻身；另外，為了吸引跨國企業的投資，又必須以降
　低生產成本為號召，也無力投入國內的福利與建設。

56 不像Hirst與Thompson（1996）這般強調當今國際經濟局勢並無創
　新之舉。事實上Chesnais就認為Hirst與Thompson的分析中嚴重掩
　蓋了近二十年來發生的許多質的變化（2001：5）。

57 只是體系內是等級森嚴的，美國的金融體系占優勢地位，有決定遊
　戲規則的能力（Chesnais, 2001: 17-18）。「在金融市場上，……與

其說是全球化，不如說是世界的美國化。」（Martin & Schumann, 1998: 104）。

58 Susan Strange 的 *Casino Capitalism* 一書事實上寫作於1986年，主要是針對國際金融體系在七○、八○年代的變化作評論，但是其中關於金融體系的認識有許多於今日仍可適用，強調政治力量在推動國際金融體系變動及未來改革可能性的重要影響。本文採用的是2000年出版的中譯本，Strange 於1998年又寫作 *Mad Money* 一書，著重於九○年代晚期體系的不同處：包括賭場規模更大而玩家也更多元多樣、技術也更複雜，同時帶來的犯罪及其他問題也更嚴重等。

59 這樣的說法在 Immanuel Wallerstein（1998）的世界體系論（world system theory）中亦見闡明，他指出歷史發展是與一個交換關係的網絡連結起來的，世界體系中存在核心地區、邊陲地區及半邊陲地區，剩餘資本是由邊陲地區向核心地區轉移的。而除了資本主義的發展必然走向全球規模外，資本家階級也必然走向國際化、全球化，形成第一章註釋6中 Sklair 提到的跨國資本階級（transnational capitalist class, TCC），所謂的經濟全球化並不是自然生成的過程，而是由這些在全球化中受益的 TCC 大力推動，對於左派批評家而言，推動經濟全球化，就是在追求 TCC 的階級利益。

60 Amin 認為全球化並不是一個新現象，社會之間相互作用的歷史與

人類歷史一樣地悠長，但是古代的全球化和資本主義下的全球化有

重大的差異（1999：157）。

61 這種觀點有四個特點：(1)相信一種人道的資本主義可以遍及世界；

(2)相信這種人道資本主義的秩序能帶來進步；(3)為今日第三世界

帶來災難與衝突的原因，是第三世界內部前資本主義的遺產而非資

本主義本身；(4)全球資本主義中，世界上不同地區的衝突不是實

質性的（Patnaik, 1999: 169）。我們可以發現Friedman的黃金拱門

理論主張極符合Patnaik的描述。

62 只是不同的懷疑論者強調的重點也不相同，Hirst與Thompson著重

的是國際經濟互賴體系的歷史發展，左派學者強調的是長期存在於

歷史中的剝削與階級鬥爭現象。

63 普羅米修斯在希臘神話中以泥土塑造人形創造人類，後來又盜取專

屬眾神的火種給人類，因此被天神宙斯（Zeus）用鐵鍊鎖在高加索

山上，每天承受讓老鷹啄食肝臟而不死的痛苦。人類有了火之後才

得以開啟文明，因此普羅米修斯的故事常常被用來比擬那些創造劃

時代成就的人物，青年Marx也曾被如此看待過。Bryan與Farrell

在引用普羅米修斯的神話時語焉不詳，似乎認為普羅米修斯代表的

就是全球資本本身，過去被政府（宙斯）困縛住，不過這並不妨礙

筆者對他們這般引用所進行的討論。

64 對Gray而言，前蘇聯也是另一種啟蒙烏托邦，不同的是前蘇聯希望

透過中央計畫體制取代市場經濟，終極目標仍在建立一個普世文明。馬克思主義與自由市場的主張都是啓蒙計畫的一個變種（variant），全球自由市場則是啓蒙計畫的最新型式（Ibid.: 215）。

65 或者說，將身體經濟化或經濟身體化，形成一種身體經濟。一個不發達國家就像是一個有病的身體一樣，身體需要接受治療，落後國家則必須接受國內結構的調整以適應全球競爭的需要。又例如經濟策略者會宣稱只要國家內部特定重要部門恢復成長，就能帶動整體的經濟復原，因爲有機體中各個部門是相互連結的，重要的器官一旦恢復運作，所有的問題都將趨向解決，比如政府或企業進行的合理化策略就可以視爲是爲受阻塞的資本流動打開通道，所以，重點在爲生病的身體找到一個（結構性的）病因，尋找適當的療法（Gibson-Graham, 2000）。

66 Gibson-Graham 因此指出這種現代主義經濟學的假設也是性別偏差的，（男）人和經濟是相互對比的，現代經濟建基於（男）的身體，宣稱在人的（理性）本質中發現經濟發展的本質。

67 Gray 以十九世紀中後期英國國內自由放任政策（Laissez-faire）的一連串發展爲例，強調英國國內（利於新興資本家）的自由市場是透過官方的積極介入才成形，而其發展也具有歷史特殊性（Ibid.: 7-15）。

68 汪暉引用 Charles Taylor 的說法指出，世俗時間與神聖的超越時間

（higher time）不同，在世俗時間中，社會活動是完全自主、自我活動的舞台，這種世俗時間在 Montesque 那裡則表現成市民社會（2000b：17-18）。

69 這裡指的是古典政治經濟學中只能在抽象的層次上表達經濟與政治的關係，「政治經濟學在完成自己的歷史敘述過程中背離了它的基本預設」，喪失自己的歷史性（Ibid.: 25）。

70 在這種目的論中，歷史被區分成不同的階段，以追求資本的滿足而運行前進，時間在這種敘述中因此也被視為是不可逆的直線前進。

71 Harold Innis 也指出必須將市場視為動態互動的實體，市場的運行並不能全由供需法則來決定（Boyer & Drache, 1996: 11）。

72 對於 MacLean 而言，Hirst 與 Thompson 可以被視為與國際關係領域中的現實主義學者一般，因為嚴格要求主客分離，並強調客觀性相對於主觀性的優位，在有關全球化的研究中只能承認某些可以辨識的徵候，因此無力對於全球化的「全球」究竟為何提供解釋（2000：33-39）。

73 這些變化包括集團的組織形式和管理方式以及全球壟斷內部之間建立起來的關係；資本增值過程中出現的重組、新的投資形式、沒有對外直接投入的異地化生產以及各種新技術的變革等現象（Chesnais, 2001: 5）。

74 福特主義指的是現代工業勞動愈趨理性化、要求勞動的紀律的展

現，這是二十世紀初 Henry Ford 在其汽車工廠內採用的生產方法與
合作規則。福特主義所表現出來的特點是透過標準化（standardisa-
tion）及泰勒化（taylorization）進行大規模的生產，以求獲得規模
經濟（economics of scale）的效率生產。這是一種將經濟視為整體
的經濟計畫，也同時產生一種新的道德秩序（Cox, 1987: 310-
311）。Harvey 認為彈性積累是為了解決美國在七〇、八〇年代面
對的經濟危機而生，強調勞動過程、勞動力市場、產品與消費模式
的彈性。勞動過程中生產空間是高度分散的；勞動市場上變形工
時、部分工時及外包制取代過去的定型勞動契約；產品與消費部
分，彈性積累體系帶動了產品的創新以及即時生產的組織型態的出
現，消費文化亦隨之改變，由穩定的福特主義美學轉為強調多元、
差異的後現代式消費美學。對於 Harvey 而言，積累模式不僅是生
產方式的表現，還形成一整套包含生產、消費、貿易、資本及國際
結構的體系，形成一套積累典則（accumulation regime）。

75 全球性意指我們早已生活在一個世界社會中；全球化指的是跨國行
　　動過程中民族國家及其主權受到打壓、穿透的過程（Beck, 1999a:
　　87-88）。

76 這並不是說 Hirst 與 Thompson 完全接受自由市場經濟學的假設，例
　　如他們也指出真正開放市場後，往往會導致寡頭壟斷而非自由競
　　爭。這裡強調的是他們接受了超全球主義者將全球市場的建立等同

於全球化的推論。

77 Harvey認爲彈性積累典則中仍然追求絕對的剩餘價值，福特主義式
的生產方式並未被完全拋棄，仍可用於國際分工中的邊陲地區；另
外透過組織與技術的創新也可創造相對剩餘價值（1989：186）。

78 Beck指出在第二現代中，過去主權國家對領土享有的排他性控制力
不再，表現在幾個面向：主權的喪失與領域內民族主義運動的興
起、次國家（subnational）與跨國家（transnational）對傳統國家的
挑戰、其他國家對主權國家內部事務的干預，另外，傳統國際政治
學中國內／國外、和平／戰爭、市民社會／無政府狀態的劃分假設
也不再成立（2000 a：33-35）。

79 Beck指出福特主義典則中，公民身分與完全就業的經濟體制有著妥
協，在其中人既是勞工也是公民（worker-citizen），但在危機典則
中必須思考的是，一個超越完全就業的社會如何實踐民主？工作中
的斷裂、不連續性如何獲得社會的保障？市民社會在其中如何發展
完善？這些都是在工作型態轉型之後所帶來的「政治」議題
（Ibid.: 76）。

80 當然，這種重構主體的過程很難由勞工個人完成，必須佐以社會結
構的配合即意識上的改變，讓以「不穩定」爲基礎的生產方式眞正
成爲一套擴及生活、消費、美學、生命的積累典則。

81 這些對立當然也包括主體與客體、理論與實踐及規範與實證的對

立，這種假設研究者往往未必能察覺，而能鞏固研究者建立客觀科
學的信心。

82 例如 Braudel（1999）將經濟結構分爲物質生活、經濟生活與經濟世
界這共生共存的三層，經濟生活中又可區分出市場經濟與資本主義
兩層，市場經濟主要透過分工交換進行，有濃厚的競爭性格，反而
是資本主義領域中的大資本家會憑著優勢位置及靈活流動的能力，
追求在市場中的壟斷，歷史上的資本主義之所以成功並非因爲採行
自由市場的制度而是追求壟斷的結果，資本主義爲了賺取最大利潤
而將其靈活性發揮至極限，也不可能照古典經濟學家般採取專業化
的策略。從這個角度看，資本主義不但無法與市場劃上等號，反而
還是反市場的一種經濟制度（counter-marché）。Wallerstein（2000）
並指出 Braudel 這種對資本主義發展歷史的倒寫，除了隱含對啓蒙
進步史觀的批判，也破壞了自由主義者與馬克思主義者的論述基
礎。這種歷史上的認識或許能提供論述間對話的可能性，反對資本
主義的不一定要反對市場制度，支持市場經濟的也不一定就代表支
持自由放任式的資本主義。

第三章　文化全球化

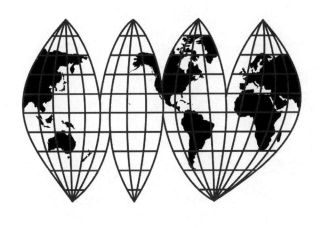

　　文化現象的全球化，雖然不一定能夠清晰指明察辨，卻其實已經在諸多領域滲透到我們的日常生活中，籃球場上隨處可見的 NIKE、Addidas 球鞋；日常飲食作息中對 Starbucks 咖啡、Coca Cola、Marlboro 及 Mild Seven 香菸、麥當勞漢堡、Kentucky 炸雞等的依賴；來自美國好萊塢的影片、Disney 的動畫及其周邊產品，各種類型的美式影集、音樂錄影帶 MTV 等娛樂產業填補了生活中的許多閒暇時刻；品味追逐者對於國際流行時尚的高度敏感以及各種名牌如 Calvin Klein、Luis Vuitton、Channel、Armani 的消費；電視新聞中，可以透過對美國 CNN、日本 NHK、英國 BBC 等媒體訊息的引用知道每一天在地球上又發生什麼樣的新鮮事，也可以輕易獲得美日職棒、英國超級足球聯賽等體育賽事的最新戰況[1]。有時候，這些（消費）行為甚且還可以與遠方的特定時空產生連結，建立起某種情感的聯繫：坐在 Starbucks 裡啜飲咖啡時，很容易可以想到在電影《電子情書》（*You've Got a Mail*）裡，男女主角在紐約街頭 Starbucks 的邂逅互動以及伴隨而來的各種都會感受。Friedman 就指出，馬來西亞人除了喜歡 Kentucky 炸雞的味道，還喜歡 Kentucky 所象徵的一切：**現代性、美國化以及時髦**（2000：290，黑體字為筆者所強調）。如果全球化指的是一種**跨越疆界流動**的能力與

現象，那麼即便身體並沒有真正的移動，即使這諸多消費行為仍然在地方上進行[2]，全球化也早已隱身在許多商品中參與建構我們的生命歷程種種[3]。Malcolm Waters 也才因此認為文化領域比起經濟和政治兩個領域要更具有全球化的傾向[4]（2000 ： 175）。

　　但是「文化」並不僅限於符號交換層次，從最廣義的角度來看，能對生活內容創造意義的一切經驗及成就，都可以視為是文化現象的一種，John Tomlinson 就引述 Raymond Williams「文化是生活的點滴」這一說法，指出必須探討每一個體在日常生活中的經驗及其帶來的「存在重要性」，談文化全球化也就必須討論全球化如何介入人類日常生活，改變生活意義之建構（meaning construction）（2001 ： 23）。由此觀之，文化的全球散播現象實難以宣稱是當代所獨有，Held 等人即指出包括基督教、回教等世界宗教的出現；諸帝國的文化擴張；現代國家文化與民族主義觀念的全球普及[5]；以及自由主義、社會主義這些世俗意識形態的跨國影響力等都可以算是傳統文化全球化的表現。至於當代文化全球化中所表現出強烈的時空壓縮（time-space compression）現象，則有賴於電信通訊、電腦與媒體技術的革新發展[6]，由此建立包括媒體、娛樂及資訊領域的全球文化市場及上述這

些全球性的文化現象（2001：417-463），當代有關文化全球化的論辯也應運而生：超全球主義者在全球大眾文化（global mass culture）及消費主義（consumerism）的趨勢中，斷定同質化（homogenization）的全球文化終將出現；懷疑論者則強調全球文化不若國家、民族等地方文化來得眞實，各種文化的特殊性（particularity）是無法被取代的。換言之，關於文化全球化的討論就像Barber（2000）稱爲「聖戰與麥世界的對立」（Jihad vs. McWorld）[7]一樣，在同／異、普遍／特殊、全球／在地的對峙形勢中開展，以下將分別針對這些論述進行討論。

第一節　超全球主義論：世界的麥當勞化

　　一如在第二章中大前研一提到的「品味加州化」現象一般，超全球主義者認爲散布全球的消費者將發展出相似的文化期望，形成一種跨國界的文明，在其中品味與文化將會逐漸同化，「全球化的面貌是……兩耳是米老鼠的耳朵，食物是麥當勞麥香堡，喝的是可口可樂和百事可樂，計算時使用的是IBM或蘋果膝上型電腦，而電腦使用的作業系統是視窗九八，電腦的中央處理機是Pentium II，電腦接通了思科（Cisco）網路系統」（Friedman, 2000: 380），經過全球化洗禮

後，全球消費愈趨一元，不論是生活風格、文化象徵以及行
為方式都有著統一的普世標準，在全球文化聚合
（Konvergenz der globalen Kultur）的觀點中，世界各地的面貌
長得越來越像了，這是個單一的商品世界，在其中，人也只
有透過消費過程與對象才得以決定存在的意義（Beck, 1999a:
59-60）。這種建立在單向商品邏輯基礎之上的文化全球化現
象往往被稱做麥世界（McWorld）、可樂殖民主義（Coca-
colonization）、麥當勞化（McDonaldization）或是麥當勞迪斯
奈化（McDisneyization）。這些充滿創意的新詞往往是批評者
藉著突出特定強勢全球商品現象以批判超全球主義者的同質
化論述，雖然可能有失之簡略之嫌，卻往往也點出了超全球
主義者心中對全球文化前景的期望[8]（Tomlinson, 2001: 94）。
換言之，在這些超全球主義者的心中「文化」與「商品」無
甚差異，文化特色的存續也端視其是否通過市場機制的考
驗，以證明這文化的「健全性」（Barber, 2000; Friedman,
2000）。因此，縱使不會以諸如麥當勞化這些詞彙來做自我
認知，但是如果單一化的（文化）商品世界是市場及消費者
的選擇結果，那麼超全球主義者也只有（欣然）接受這個事
實了，在「同質化」過程中所逸失的種種特殊文化或許有些
讓人感到可惜，但這也是種由不得人類作主的自然演化過

程。如果文化全球化代表的是文化工業的全球擴張、全球文化市場的開展，那麼，一如在第二章中對於自由市場現實運作的討論，走向同質化的全球文化景象似乎也是可預期的結果了，因為這種結果，是消費者**真正想要**的！Friedman 談到美國與法國在摩洛哥展開對於文化、教育的爭奪戰，最後美國之所以勝利「完全是由需求促使的」（2000：389）。與大前研一相同，兩人皆認為消費者所欲求的其實只是一些基本與古老的人類欲念──求生、改善、繁榮與現代化的欲求[9]（Friedman, 2000: 49），經濟上不發達之國家在整合進全球體系後，可以接收到更多來自發達國家的資訊，也有更佳的經濟能力去要求改善自己的物質環境，追求更**現代化**的生活！麥當勞漢堡、好萊塢電影之所以得以席捲全球，不僅僅在於物質層次的追求，還更因為它們滿足了全球消費者追求一個更好生活的心理需求。因此，在超全球主義者的心中，文化全球化指的就是建立一個全球性的文化市場，一如自由競爭的全球經濟市場一般，應該要盡量打破不同國家間的文化保護藩籬，擴大不同文化間的交流對話，在通訊及資訊科技的快速發展下，民族國家無法繼續壟斷資訊，也無法有效遏阻跨國界的消費行為，只要具備足夠的能力，消費者可以直接面對全球市場，追求自己想要的生活！

「(時代華納公司，Time Warner)贊成完全的資訊自由……以公平競爭的精神，支持信念、產品與科技的自由流動」，這段話出自於時代華納公司已故總裁Steven Ross在1990年時，於愛丁堡國際電視節（Edinburgh International Festival）所發表的「世界觀演說」（Worldview address）裡，他強調國界（national frontiers）已然是逝去的遺物了，當代的**現實**狀況是，是市場機會（market opportunity）而非民族認同成為推動國際傳媒的動力，我們正「邁向由消費者口味（tastes）及欲望（desires）主導的自由、開放競爭大道」，這是建立在消費者主權（consumer sovereignty）之上的國際新秩序，Ross認為不論對時代華納還是消費者而言，這都是一個「更美好的世界」（a better world），可以讓世界更緊密相連。McLuhan在六〇年代提出的「地球村」預言，在九〇年代像時代華納、CNN這樣的全球傳媒（global media）擴張下才終於獲得實現，透過這些全球傳媒，全球各地的消費者可以共享更多的全球經驗，有助超越不同文化、社會間的差異，增進彼此間「真正的相互信任與了解」（genuine mutual trust and understanding）。在Ross眼見及期盼的世界中，原本國家及社會間的疆界必須被打破，才可能盡可能地擴張市場，盡可能地直接面對以全球為規模的消費者，盡可能地將

傳媒企業的訊息及產品提供給來自世界各地的消費者。當代的視聽地理（audiovisual geographies）因此已經逐漸脫離（民族）國家文化的象徵空間（symbolic spaces of national culture），而轉向以普同式的（universal）國際消費文化為基礎進行重組。一如Bryan與Farrell呼喊的無疆界的市場（market unbound）一般，全球傳媒追求的也是無疆界的電視（television without frontiers），信息、符號的傳播一如資金、產品一般可以以全球為範圍而自由流動（Morley & Robins, 1995: 11-12）。全球傳媒的發展配合通訊、電信設施的普及[10]，共同推動了全球文化市場的建立，在其中文化多國籍企業[11]扮演強勢的全球玩家（global players）角色（Herman & McChesney, 1997; Moretti, 2001），向全世界各地提供一個美好的願景：一個更好、更現代的生活應當是如何的！為了達到這個生活，消費者可以（或者說應該）**購買什麼樣的產品，消費什麼樣的生活意象**[12]！

　　全球文化市場上的大玩家們與消費文化之間的關係其實是十分曖昧的，一方面，它們可以宣稱建構全球文化市場的努力是為了滿足消費者的自然需要，順應後現代社會中的多元、破碎、片段化的消費趨勢；但另一方面，這些總是試圖擴大全球影響力以壟斷全球傳媒、娛樂市場的文化多國籍企

業卻也總是樂於將足以支撐消費主義生活的諸多印象
（images）推銷到全球各地，鼓勵推動不同文化脈絡下的殊異
行為者轉變而成勇於展現個性、樂於享受生活的**消費者**，它
們總是試圖挑戰、摧毀不同國家的民族文化，讓消費文化成
為眞正的普遍性文化（Featherstone, 1990b: 127）。隨著市場
的開展，只要商品的生產能符合全球文化玩家的利潤需求，
消費者就能有越來越多的選擇機會拉近與「現代世界」、
「夢幻世界」之間的距離，穿上NIKE的Air Jordan系列球
鞋，就似乎可以變得跟Michael Jordan一樣，在籃球場上飛
翔！

　　因此，在貌似花團錦簇的多元商品背後總必須符應一套
精密的商業計算，當我們使用「麥當勞化」來描繪全球文化
圖像時，不僅僅代表各種全球商品的便於獲取：在全世界越
來越多的地區購買到**同樣**的產品，一如雨後春筍般林立街頭
的麥當勞、Starbucks咖啡以及各種文化商品[13]。麥當勞化還
同時代表了「速食餐廳的原則（principles of the fast-food
restaurant）在美國社會及世界各地的各部門間取得支配地位
的過程」（Ritzer, 2000: 1），不僅影響著餐飲業的發展，甚至
還擴及到教育、工作、健康照護、旅遊休閒、政治及家庭等
社會每一層面。這種麥當勞原則在生活中全面滲透的現象同

樣也出現在其他引進麥當勞的國家中，正如Tomlinson所指出的，必然帶來生活意義的重構。Ritzer分析指出麥當勞之所以吸引顧客的成功元素，包括了效率（efficiency）、可計算性（calculability）、可預測性（predictability）及非人化科技的控制（control through nonhuman technology）四項。整體來說，這四個元素環環相扣[14]而共同保證了一個合理性系統（rational system）的運作（Ibid.: 11-16），而這個系統則確保了文化產業的生產與再製，歡樂的氣氛與舒適的環境都是可以創造給消費者享用的，只要這麼做確實合乎商業利潤的考量。而這個麥當勞原則向全世界擴散的結果，不但造成各個國家間文化（商品）景觀的相似性，也讓這種工具理性式的判準影響到生活各層次及生命歷程中，一切都是可以計算的[15]（或者說要盡可能的將社會生活納入理性計算的掌握中），一切都可以轉化成**商品**，不能估算效益、無法通過市場考驗的自然會被淘汰，沒有什麼是不可**消費**的！世界上各個社會逐漸麥當勞化所代表的，其實是一種現代理性與後現代欲望的共存，以同質單一的市場邏輯畫出斑斕炫麗的大塊圖像！Ritzer因此批評道，即使在營造夢幻歡樂情境的Disney樂園中，也沒有帶來創造性及開創想像的人類經驗，反而只在壓抑想像力的過程中帶來乏善可陳的體驗，體驗著經過精密計

算後、一成不變的娛樂（Ibid.: 138）！

　　所以，不論是經濟領域還是文化領域上的超全球主義者，都同樣抱持著市場邏輯，都同樣希望看到一個市場開放後的美好世界！就像Ross一樣，他們認爲民族國家不再能限制資訊的流通，消費者悠遊於全球文化市場中，可以有更多的選擇，更能追求物質及心靈的滿足！這種論述有著這些特點：

- 文化全球化代表的是全球文化市場的開展，同樣要遵循著自由競爭的原則，讓信息、科技、產品能夠以全球爲範圍自由流動。

- 全球文化市場中的主體是眾多掙脫民族國家桎梏的消費者[16]，全球文化市場是有利於消費者的自我實現的。再一次，全球文化市場的出現是符應人性的自然發展。

- 全球文化市場中，任何事物都可以轉變成商品，也必須通過市場機制的檢驗，世界上不同文化的存續也必須視其於全球文化市場上的競爭結果而定。

- 如果消費者心中自有一套共同標準指引著什麼樣的生活與生命才是美好的，那麼，普同化的全球文化也是

可以期待的。

第二節　懷疑論者看文化全球化

　　超全球主義者試圖以消費文化的驅力為基礎以推動建立普同式的全球文化市場，換言之，雖然未必能直接揭露市場邏輯與經濟理性隱身於後的運作，但是就像Polanyi提出的「雙重運動」概念一樣，這種將生活、文化以及生命納入資本主義時間、效益的計算下而加以商品化的情形，必然同時招致來自生活世界的反彈，Barber（2000）就指出麥世界的商業擴張與聖戰式的懷鄉反抗這兩種相背的動力是同時發生並相互強化的。Ritzer在論及（跨）社會的麥當勞化時也同時提到，這種試圖將一切生產消費流程納入理性管理的作法，除了可能帶來許多不理性或無從計算的副作用外[17]，對許多不同文化背景的人而言，更代表了（美式）消費文化的入侵，固有的傳統文化在瞬間即逝、浮光掠影的消費情境中遭受腐蝕而逐漸走向衰亡。如果文化全球化代表的就是MTV、好萊塢電影、麥當勞、Coca Cola、CNN這些商品與影像日益占據了生活的全部，那麼就有必要重新挖掘、肯認傳統文化中的美好部分，試圖在一個日趨同質化的世界中重拾各個**特殊**文化的重要性，這種努力反映出一種不願失去故

鄉、家園的認同需求！另外，如果文化全球化現象仍是由資本主義邏輯爲基礎進行擴張，那麼對於文化全球化的批判就必須結合對全球資本主義的批判，文化全球化的結果其實代表「文化帝國主義」的擴張與侵略，反映的是資本主義的利益與需求。本節將針對這兩種反抗文化全球化的觀點進行梳理討論。

一、無處是故鄉：找回眞實的本土

面對來自西方國家強勢消費文化的進逼，一方面麥當勞原則不斷滲透於日常生活各層次，一方面構成生命基本意義的文化脈絡卻又無法任意拋棄，面對本土／遠距衝突的兩難矛盾已經是大多數人日常生活中必須面對的一部分（Tomlinson, 2001: 113），在這種衝突情境中感到受威脅的人們，總會潛意識的將來自遠方、全球的影響視爲冷酷無情的力量，相對於這種異化的（alienated）全球文化，在地的、固有的民族或國家文化就顯得充滿穩定、安全與歸屬感。Anthony Smith認爲構成全球文化的諸多要素間缺乏共同的文化經歷，全球文化是「人爲架構」的文化，是無時間的（timeless）、沒有記憶的（memoryless）支撐，也缺乏可追溯的歷史[18]；相反的，國家（民族）文化（national cultures）

雖然也是由無數「被發明的傳統」（invented traditions）所打造出來的「想像社群」（imagined community），但是國家文化的建立並不像全球文化一般是在超越時空的基礎上進行，而必須由居住在同一地點的一群人，經過互動後產生一種永續、分享共同回憶與共同命運的共同感受，有了這些共識基礎後才可能建立起爲社群成員所認同的國家文化（1990：177-180）。Tomlinson也指出Smith雖然承認個人可能擁有多重認同，但是國家意識的認同對其他型態的認同確有著獨特的相對權力，因爲其他型態的意識無法像國家意識一般「提供獨特的歷史、或是特別的命運」（Tomlinson, 2001: 116）。換言之，全球文化因爲缺乏歷史、記憶的支撐，注定成爲一種異己的體驗，也無法眞正爲生活行動提供有意義的指引，這些生命的意義必須回歸本土的、固有的家園（home(land)）環境中才可能尋得[19]。這一類的懷疑論者表現出的是一種濃厚的**懷舊與懷鄉**（nostalgia）情緒，認爲不斷加速的全球化進程正在摧毀舊生活中諸多美好的部分，民族、國家在認同意義上能提供的深層意義也不復存，剩下的，就只是麥當勞般淺薄輕浮的（superficial）、破碎的（fragment）官能感受[20]（Ritzer, 2000: 186）。這類懷疑論者因此要求在文化全球化的衝擊下能夠繼續「說自己的故事」，發動爭取保存有意義的

社會群體和實際社會認同（actual social identities）的鬥爭，
更極端的態度則走向各種保守的基本教義（fundamentalism）
主張或重建一個純淨的民族群體（national purity），Morley
與Robins更進一步的指出：尋求故鄉實際上就是一種基本教
義般的訴求，在憂慮於自我文化毀壞的同時總容易以仇外的
（xenophobia）、追求純化的手段來實現目標（1995：20）。

　　Morley與Robins論及歐洲面對來自美國消費媒介文化的
威脅時所採取的不同認同回應，說明在全球化的壓力下伴隨
而來的身分認同危機[21]。他們並且指出共同記憶與認同的形
塑過程往往與傳播媒介有著高度關聯[22]，「當代的記憶銀行
（memory banks）的部分元素是由電影、電視中汲取而建造的
[23]」（Ibid.: 90），「民族影像」（national cinema）可以透過建
構一種同質性的認同與文化，據以反抗來自好萊塢的文化進
逼。兩位作者並以Edgar Reitz在1984年拍攝的德國影片《故
鄉》（*Heimat*）為例進行討論，這部影片的拍攝，是不滿於
1979年美國拍攝的關於納粹時期的影集《大屠殺》
（*Holocaust*），對於Reitz而言，《大屠殺》這部影集是反映出
國際商業美學（international aesthetics of commercialism）的
典範，**真實的歷史**「被美國人偷走了」，淪為商業炒作中賺
人熱淚的背景，Reitz因此要求奪回講述歷史的權利，說出屬

於德國人的德國歷史。對Reitz而言，「故鄉，這個人們出生的地方，對每個人而言就是**世界的中心**」，這種說法除了領土的界定外，還更希望喚起一種關於「起源的記憶」（memory of origin）（Ibid.: 91），不同於來自異域、外鄉人（Fremde）的威脅，故鄉可以提供一種紮實的穩定感，Reitz片中即透過這一連串的對比：傳統／失根（traditional／rootlessness）、鄉村／城市、在地／外來（local／foreign）、**自然**／現代（natural／modern）、永恆／**變化**（eternal／changing）以及女性／男性，凸顯出故鄉就像**母親**一樣，是永恆與安定的化身（Ibid.: 95）。故鄉因此成為一個浪漫的烏托邦，蘊涵了記憶中的所有往事與渴望，在這個快速變動、日益感覺「無家可歸」的世界中，故鄉的存在滿足了追求有根源、有範圍（bounded）、完整而真實認同的需求（Ibid.: 103）。每一個故鄉，每一個家園，相對於席捲全球的同質化力量而言，都是**最特殊**而無法抹滅的存在！

對於Bruce Robbins（2000）而言，從這種對原鄉的渴望與推崇中可以看到一種「經驗的認識論特權」，因為在故鄉、在家園中才能真正地感受到這種豐富的經驗，**真實**的體驗一如「直接真理的領地」般是無庸置疑地獨立於意識形態的爭論之外，經驗本身已經成為權威的來源，並且鞏固了**傳**

統的幻象。以在 Reitz 影片中呈現出的種種對立為例，Robbins 在 John Berger 的小說中也看到關於這種對立的描寫：城市中的生活與工作消滅了經驗，「就像資本會不由自主地不斷再生自己一樣，資本的文化也是一種沒有盡頭的預想。將要來臨的和將要獲得的使現存的成了一片空虛」（Ibid.: 29），只有加以反抗、**回歸故鄉**才能重新恢復經驗，經驗只存在於在地的環境中。另外，Robbins 也指出在 Susan Sontag 關於攝影的評論中同樣潛藏著這種對比：Sontag 認為照片是資本主義使直接的、自發的經驗的又一種貧困化的手法，因為攝影將（具體的）經驗轉化成形象（images），所以會從人們的經驗中抽出真實的感覺，「照片……把經驗變成了一個形象，一種紀念品」（Ibid.: 30）。這種說法在 Robbins 看來，即意味著彷彿在資本主義的攝影出現之前，存在著一種單純的審美觀的、可以直接感受到的、可以直接行動的、**素樸**的經驗世界[24]。Berger 與 Sontag 的觀點皆突出了在資本主義擴張的全球脈絡下，只有本土能提供真實（而神秘化）的經驗，扮演「田園避難所」的角色，這是一種**浪漫的在地主義**（romantic localism）（Robbins, 1998）。同樣的，分布於全球之各種基本教義派的勃興，也是為了回應奠基於現代性文化之上的全球文化挑戰而生，它們要求重造社會秩序；宣

稱傳統指引當代生活的有效性；試圖重建神聖的過去、追尋
（蘊涵於傳統中的）眞實（Lechner, 2000）。不同的是，有些
基本教義主張除了疾呼重視保存其所有的獨特性外，更試圖
重塑全球形貌，讓自身的獨特性向全球擴張，它們期待的未
必是一個異質多元的全球文化場景，而更希望以另一種同質
化力量取代資本主義（文化）的全球地位[25]。簡言之，這一
類的懷疑論者共同的目標是反抗同質化的全球（消費、資本
主義）文化，爲了解決認同危機，爲了讓生活不再淺薄空
虛，它們必須重拾（全球文化中不具備的）記憶與歷史，不
論是國家、民族、種族甚或宗教，都必須強調自己社群在世
界上的獨特性不容淹沒，也都必須強調只有身處這種原鄉連
帶中才可能體驗眞實、創造意義。因爲要求生活與認同的**界
線**必須明確界定，這一類懷疑論者往往可能走向保守的、仇
外的、極端的基本教義主張[26]。

二、對文化帝國主義的反抗

　　面對強勢擴張的全球文化，除了反身捍衛個別文化的特
殊性外，也有論述者將批判焦點集中於全球文化的結構及本
質，指出「全球文化」修辭的背後仍然是由全球資本主義的
邏輯推動著，文化的擴散與日趨同質化的全球現象不是一種

自然演進的結果，關於文化領域的討論也必須從不均衡的全球政經結構中去理解，像何春蕤談到台灣的麥當勞化現象時也同樣指出：這是一個（殖民）經濟的過程，而且也是（殖民）文化的過程，更是（殖民）意識形態的過程。換言之，跨國資本為了盡可能地擴張市場與利潤，總會試圖重構不同地區的在地主體（local subjects），生產出新的情感與象徵內容，讓這些新生的消費主體可以配合資本的邏輯運作，滿足資本的需要，換言之，消費文化的移植輸入不是一個文化間平等對話後的結果，而是一種霸權的、優勢的生活方式的進口與文化殖民（cultural colonialization）（1997：142-143）。在這個過程中，邊陲的發展中國家失去文化主權，所謂的「資訊自由流通」、「互相依存」（interdependence）及「國際主義」（internationalism）的說詞只是優勢國家用來掩飾現實支配關係的語意迷陣。Herbert Schiller因此提出「文化帝國主義」（cultural imperialism）概念藉以批判全球資本主義下的大眾傳播體系，Schiller指出市場經濟仍是科技與資訊領域轉變的決定性因素。所有新的傳播科技發明、採用及製造，都以符合市場準則為依歸，前面提過的文化多國籍企業才是最大的受益者，新興資訊科技的發展並未改變、撼動資本主義體制，反而更進一步加強與擁護這個不公不義的世界體

系。對於傳播與資訊科技的發展，必須放在二次世界大戰後資本主義的運作，及經濟—政治—文化的**複合**影響下進行考察，資訊與傳播科技的發達，雖然使得全球市場的建立成為可能，但是必須追問這個過程由誰推動，**由誰作主**？Schiller認為回答這個問題必須將焦點放在跨國資本主義的動態擴張過程中理解：其中美國的「軍工複合體」[27]（military-industrial complex）是扮演建立全球市場的重要推手，在這個全球市場中，一方面大企業可以建立跨國性的生產行銷網路，二方面更可以加深邊陲國家對世界市場中心國家的依賴，美國的資訊與傳播工業更可以在全球文化市場中取得霸權地位，並加速資本的積累。另一方面，藉著這個全球傳播市場上的優勢地位，更可以積極地將美國商品與消費文化推銷到世界各地，以解決資本主義體制中生產過剩的危機（劉昌德，2000；魏玓，2000）。因此，面對貌似多元紛雜的消費文化在全球的擴張，必須審視這個全球市場得以成形的歷史性成因，無法像Featherstone（1990b）一樣樂觀地相信一個充滿歡愉的、多樣的全球文化已然建立。資訊商品的傳播並不能視為一般產品的買賣，而是內涵著支持資本主義世界體系運作的意識形態。當代這個高度壟斷集中的全球傳媒體系便是透過**新自由主義**的包裝掩飾其資本主義全球擴張的本質[28]。

提出跨國資本階級概念的Leslie Sklair（2001）也強調對
於全球資本主義的研究不能僅限於經濟領域，「由利益驅動
的文化—意識形態的消費主義」（profit-driven culture-ideology
of consumerism）是支持全球資本主義擴張的意識基礎，並得
以將所有階級包納至這套意識形態的運作中，鼓勵所有人根
據基本的「生物需求」（biological needs）盡情消費，並轉化
所有形式的主體成為由消費欲望驅動的消費者。在這套資本
—消費體系中，無一人事得以免除被商品化的命運，甚至連
各種以挑戰主流價值為訴求的反抗文化（counter cultures）本
身都被收編整合至消費文化中，成為消費的對象而失去威脅
挑戰資本主義的能力[29]，換言之，佐以消費主義的意識形態
（收編），全球資本主義消解了階級鬥爭的動力[30]，更掩飾了
資本主義全球擴張的企圖，它的存在、運作與持續成了回應
消費者需要的結果。Masao Miyoshi （1998：258-261）認為
跨國企業主義（transnational corporatism）在消解民族國家影
響力的同時，也伴隨著文化經濟化（economicization of cul-
ture）的過程：將一切社會、文化、政治活動納入商業範疇
的計算中，歷史、地理等一切具有差異意義的實體，在經濟
的考量下，成為觀光主義（tourism）的消費對象，只能以各
種商品化後的形式出現，而這些經過商品包裝的歷史與文化

只能以與其意義斷裂的形式，在博物館、餐廳、戲劇或電影中，爲了滿足消費者的娛樂需求而出現，文化不但被商品化，也被儀式化（ritualization）了。因此，取消宏大敘事（grand narrative）的後現代情境中雖然呈現出破碎零散而多元的景象，但這並不意味著「核心」已然四散無形而權力宰制不再，相反的，Harvey（1989：327-349）強調後現代情境是一個充滿危機的歷史狀態，文化產品的分析與美學的判準是透過一連串複雜的生產—消費體系始得呈現，而主導這個體系的，就是資本的力量。從這些來自左派的分析中都可以看到一種整體歷史觀的觀照，關於全球文化的傳播與建立必須關注其物質基礎與歷史發展，並考察支持資本擴張的意識形態，只有在全球傳播、資訊及文化產業的高度不均分布及消費主義的強力推銷下，才可以看出正是全球資本主義對利潤極大化的結構需求推動了全球（消費）文化擴張，對於優勢文化全球化的批判除了強調個別文化的特殊性外，必須結合對全球資本主義的批判，指出文化全球化的現象其實只是核心國家強勢的文化殖民，滿足的還是資本的需要。

　　在本節中整理出兩種懷疑論的態度，雖然各有其基本訴求，但仍有些共同關懷如下：

- 對於文化全球化的討論必須放在實際的歷史脈絡及全球結構中理解，不能以抽象簡化的修辭涵攝複雜的文化現象。

- 強調不同地區、民族文化的特殊性，這種特殊性無法為空洞的全球化力量所取代。

- 不同文化脈絡下的主體因此無法被化約成消費者對待。

- 反對以經濟邏輯解釋文化現象，強調生活世界中的豐富意涵。

第三節　綜合討論

　　本章針對文化全球化現象進行梳理，在此一議題上整理出沿著同質化／異質化軸線而開展的辯論：同質化理論中認為制式的消費文化的全球性擴張，將使得地球上的每個人逐漸發現，不論是在原本居住的環境中，或是橫跨世界各地的旅行經驗裡，都可以感覺到這個世界似乎長得越來越像，不同地區的人們也擁有越來越多共同的文化體驗，在可共享的意識基礎上開展彼此間的對話與溝通。相反的，不滿於消費文化的同質化力量對於固有文化體系的衝擊及破壞，批評者將自我宣稱為普世擴散的全球文化視為外來的、抽象的異己

力量，強調個別文化的特殊性不容抹滅，文化因此必須與特定的場所（locale）、地點（places）結合，也只有這種能提供根著性與歸屬感的（在地、本土）文化才可能指引人類生活的方向與意義形成。以下將分別對這些論述進行評述。

　　頌揚全球文化現象的研究者，觀察到二十世紀末期隨著運輸、通訊與資訊科技的革新，各種類型的跨國界流動快速而全面的開展，人與符號的流動衝擊挑戰既有的文化疆界，生活內容愈發受到來自遠距離種種事物的影響（Giddens, 2000a），如同在前一章所提及的，這是一種「疆界毀壞」的現象（孫治本，2001b）。傳統現代性與傳統社會學中透過三大架構：民族國家架構、「公民社會vs.國家」架構以及社會階級架構來理解社會並建構理論[31]，並因此形成一種決定論式、絕對主義式的的「社會星座學」：在三大架構的分類下，每個人都可以找到一個結構位置，就像每個人都屬於一個星座一樣，人在結構中的位置決定了行動者可能的思考和行為方式。但是這些既有的框架在各種全球流動現象的衝擊下開始崩解（劉維公，2001b），網際網路的發達更降低實體空間的重要性（Castells, 1998; Bauman, 1998），空間上的距離越來越難阻隔溝通與群眾，個人得以直接面對世界，出現「生活風格的跨國社會空間」及「跨國生活風格社群」（孫治

本，2001b），不但無法繼續以上述三大框架爲個人「定位」，跨國生活風格社群中的個體也越來越不受實體空間疆界的限制，得以在跨國性的連結行爲過程中重新建構生命意義及認同對象。就像大前研一（1996）提及在日本出現的「任天堂小孩」（Nintendo kids）一樣，這個活在多媒體、網際網路、電腦遊戲世界的新世代已經發展出與他們的父祖長輩大相逕庭的生命價值與生活態度。McLuhan「地球村」與聯合國「全球社區」（Our Global Neighbourhood）兩個概念就只能在這樣一個「縮小的世界」（shrinking world）裡才可能實現，文化間的阻礙區隔將逐漸被打破，不同文化間的個人可以越過民族國家的疆界擴大交流，並且在過程中重構行動主體。

Scott Lash 與 John Urry（1994）也指出在全球資訊及通訊網絡的基礎上，資本循環過程中的主客體得以高速地在全球流動著，其中在全球流動的商品及服務並且承載了越來越多的**象徵**符號，除了作爲資訊商品所提供的認知內涵外，這些符號還具有一種後現代的美學（aesthetics）性質[32]，當代資本主義中，不再以傳統的方式依賴商品的使用價值來創造利潤，創造商品的「符號價值」（sign value）反而成了生產過程中的要務，換言之，開發生產商品時必須加上「文化」

的元素，文化與經濟兩個領域已經緊密的結合而成為「文化
經濟」（cultural economy）[33]。這也帶來「日常生活的美學化」
（Featherstone, 1990b: 5）或「美感上的民本主義」（aesthetic
populism）（Jameson, 1996: 279）現象：在（後）現代社會中
各種符號與意象快速的流動著，這種情境也成了**消費社會**的
核心，在其中，「藝術」擴散到「生活」的各層面，兩者的
界線不再，大眾生活的瑣碎與平凡之處都可以重新**轉變**而美
學化。浸淫於消費主義中的個體得以以殊異的方式展現品
味、表現自我。文化經濟中提供了五花八門的美學財貨，讓
對於美的感知（perception）已經成為現代人日常生活中的普
遍經驗（劉維公，2001b），這種經驗並且透過資訊科技得以
滲透到全球各地。換言之，生活的美學化加上跨國生活風格
社會空間的建立，呈現出來的是每個不同文化群體中的個
人，都可以突破舊有的各種疆界，在具有美學意涵的消費行
為中，悠遊於特色殊異的各種跨國社群中，創造獨特的生命
歷程與生活風格。在此種論述中，個體的主動性與創造能力
在消費及風格建立過程中被大大地凸顯出來[34]，全球文化場
景中理應展現出多元繽紛的炫麗圖像。這種生命歷程（多元）
美學化的論述中，往往如Lash與Urry一樣強調當代資本主義
性質已經出現深刻的變化，因此理論架構也必須重組，國

家、階級之類的認識框架也無法正確說明不同行動者的殊異行為，必須以一種「個人主義化的社會分類」來理解文化全球化的現象[35]（孫治本，2001b），消費者在一個美學化的社會中進行自主、多元的消費行為，在這個過程中塑造出獨特的生活風格、生命歷程與認同。伴隨消費社會的後現代情境指出「中心」早已消亡，權力不再集中而四散分布，由此看來，對於文化全球化可能走向「同質化」的批評似乎是不正確的。

但是在第二節中Sklair、Miyoshi及Harvey的批判中也可以看到，雖然認識到當代通訊及資訊科技的高度發展，但是這並不代表資本主義的本質必然發生深刻的變化甚至不復存在，相反的，正是為了越來越強烈的市場擴張需求，資本主義才必須透過全球傳媒及全球廣告來傳遞消費主義的態度及生活方式，各種貌似多元的差異同樣是為了滿足資本需求而精密計算出來的[36]。Fredric Jameson就指出雖然在後現代社會中有著與過去不同的（消費）文化邏輯，但是後現代（與現代）的「決裂」絕非一個純屬文化範疇的現象，而是由資本主義的經濟結構支撐起這文化邏輯的運作，並衍伸出新的文化體系以維繫資本主義的存續。當代的消費社會才是資本主義社會最徹底的形式，資本的勢力終於得以延伸到許許多

多前此未曾**商品化**的領域中，在今日「才有機會目睹一種嶄新的文化形式對大**自然**和**潛意識**的領域積極進行統制與介入」（1996：333，黑體字為筆者所強調），消費者的選擇或許增加了，但是始終只能在被給定的範圍中進行（有限的）選擇。同樣的，研究者在觀照個別消費者主動創造能力的同時，卻忽略了從結構觀點來看，不論在傳媒、資訊、娛樂及其他相關的文化產業，都呈現出高度集中的現象，在這個全球文化市場中，消費者是位於生產、行銷體系中的最末端，而且隨著這些全球玩家勢力的不斷膨脹，個別消費者的日常生活也越來越難脫離這種種文化商品的進逼而日益為其占領。這裡並不是說消費者在面對龐大的文化多國籍企業時只能無助地接收被設定好的訊息與服務，但是在強調個體於生命歷程中的主動塑造能力時卻也過分地忽略了結構力量的影響，「跨國生活風格社群」絕對是一個值得採用的認識框架，但於此同時，也應該持續關注這種跨國風格是在什麼樣的脈絡中成形、有無可能有更不同的選擇、在形塑品味過程中由大型文化企業所提供的種種意象又扮演什麼樣的動力，除了像孫治本所言必須探討個別主體的主觀感受，但除此之外，研究者同時也應該追問這種感受究竟如何成形。愈形多元的文化商品及愈趨分眾的消費市場現象並沒有真正回應到

針對「同質化」現象的批評，反對全球文化市場的人想要追問的是：生活世界中，究竟有沒有什麼是不可消費、不能轉化成商品的！宣稱文化與經濟的界線越來越模糊的同時，其實就是讓經濟邏輯主導了文化現象的可能發展方向，再一次，抽象的市場法則又凌駕於複雜豐富的生活世界之上！

因此，對於懷疑論者而言，全球消費社會中的種種差異是為了滿足市場的需要而被建構出的，不是真正的差異，相較於此，有一種屬於原鄉的獨特性必須被保存下來，換言之，「全球的」相對於本土（indigenous）、在地的，是一種抽象冰冷的異己力量，代表的是來自**外部**的威脅，不論是民族國家、族群或地方，只有在各種形式的家園中才可能找到安定與歸屬感。這種「文化地方主義」（cultural localism）的現象反映出人們關切鑲嵌於地域邊界之內的生命歷程，也認識到透過地方性的記憶來營造社會群體認同的重要性（Morley & Robins, 1995: 116），反對地點、地域（places）被商品化後所呈現出的「虛假」的差異，試圖追求一種**純正**的認同[37]。另外，文化帝國主義的批評者則試圖揭發資本主義體系在全球強力推銷消費文化的陰謀，指出不論是媒體、娛樂或資訊科技的基礎設施，都是由資本主義核心國家中的多國籍企業所壟斷的，西方國家雖然不再進行政治軍事上的殖

民，但是其影響力並未因此減少，反而透過意識形態的強加來繼續維持文化上的殖民，落後國家文化自主權的喪失又伴隨著經濟上的繼續依賴，換言之，資訊科技的發展和消費文化的勃興在表面上看來似乎強化了個別主體的權力，但事實上資本主義對於資本極大化的追求以及相應的不均體系依然存在並未改變，當代資本主義只是以一種更爲細膩的手法進行對地球環境以及全人類的宰制。

　　兩種懷疑論述雖然關懷重點未盡相同，但在一些基本假設部分仍有其共通處：不論是宗教、或其他附屬於血緣、地區之上的認同群體，都強調內部的**同質性**與穩固性，換言之，「差異」是在全球場景中而非特定文化內部展現的，也只有假設內部一致性不受挑戰的情形下，才足以彰顯特定文化的「特殊」之處。先有了足以區辨內／外的標準，才有接著談論文化是否受到挑戰而走向消亡的問題。在這種論述中，構成一個文化的動態變遷歷程不是考量的重點，文化被視爲是僵滯凝固的靜態存在，也只有如此才得以提供群體成員一個**永恆不變**的歸屬認同[38]。種種抗拒全球力量的文化團體中，除了宗教基本教義派的訴求外，在其他類型的論述裡文化往往因此都必須附屬在特定的實體空間裡，就像第一章中Beck提出的「社會貨櫃理論」一樣，占據特定**疆域**的民族

國家內部被假設爲具有文化同質性，眞正的衝突只可能發生在不同民族文化間。在這種文化「空間化」的思維下[39]，個別文化被視爲不可挑戰的鐵板一塊。Tomlinson也指出在Schiller等文化帝國主義論者的論述中總是假設文化會「自然而然地歸屬於本地」（belonging naturally），因此才有關於「某個固有的本土文化遭受外來文化侵略」的問題意識產生（1999：47）。論及全球文化，就代表著民族國家（及其他文化空間）疆界受到衝擊而毀壞，因此強調在地特殊性時，則意味著文化必須與特定的空間緊密相連不可分離，確認文化的疆界成爲首要之務，在同時也確保了文化內部同質性的不受挑戰[40]。

　　問題是，不論在哪一個層級所建立起的文化，都絕不可能是靜止不變的死水一灘，王逢振（1998：95）即指出：文化認同永遠是個動態的概念，必須在與其他文化的相對關係中進行自我限定。同時，文化界線的劃定以及爲保持歸屬與認同感所發掘的集體記憶，總是爲了符應當代（有權）人的需要而產生的，文化發展變遷歷程中的「時間」元素被任意地擷取重組，於此同時並將文化現象轉爲平面「空間」上的意義，一如Tomlinson（1999：47, 132）所言，談論文化的主權即是從空間的角度來定義文化，占據特定空間的文化被

視爲是亙古不變地存在著。在這種論述可以看到文化內部可能出現的衝突甚至「內部殖民」的現象被忽略掉了（陳光興，1996），雖然「想像的社群」並不代表就無法提供「眞實」的感受與認同，但是各個文化團體中的成員在推崇其文化特殊性及重要之處時還是必須回答這些問題：爲什麼同是想像社群，有的卻能提供**更眞實**的共同記憶與命運感[41]；文化體的疆界究竟由誰劃定，如何劃定，對誰有利！以權力結構的角度質疑拆解推動全球文化的力量時，必須以同樣的標準反思內省，全球文化市場是爲了滿足資本主義的需要，那麼假設文化內部具有不變的同質性又是滿足了什麼權力團體的需要？如果承認了文化要素的流動性及疆域的不確定性[42]，那麼又何來全球／在地的強烈區別？

　　提出這些問題並不是爲了否定文化帝國主義論述的批判性，反而是肯定了在論及文化議題時，必須同時觀照權力關係的運作、歷史脈絡的變化與物質基礎的組成，只是這種批評不能僅僅針對全球資本主義體系出發，「殖民」工程的發動者可能是全球場域中的核心強國、多國籍企業，卻同時也可能是來自各個文化群體中的有權者，如果點出殖民關係的存在是爲了進行去殖民（de-colonization）的鬥爭，那麼就必須擴大殖民的概念，「將**結構性宰制的權力關係**的改變都視

為去殖民的對象，那麼去殖民將是**永久的過程**，不同的抗爭
主體位置也會有不同的關切」，只是一如前述，這麼做並不
是為了「回歸狹義的殖民時期之前，找回不受污染的過去」
（陳光興，1996：127，黑體字為筆者所強調）。以批判性的
本土主義為出發點，只有認識到任何文化的獨特面貌呈現都
牽涉到一連串的權力互動，有其發展的動態歷程與物質基
礎，才不會陷入全球／在地的對立框架中，而汲汲營營於尋
找一個可回歸的神秘家園。

　　以上簡單回顧超全球主義者及懷疑論者在文化議題上的
觀點及其問題，可以發現在兩者論述中，全球的與在地的被
看成是彼此對立的兩股力量，換言之，許多研究者是在接受
這種二元對立的認識框架基礎上來發展論述的，並透過這種
二元主義的設定將全球／在地勾勒成**相互排斥**的存在[43]，行
為主體在這種框架中似乎也只能在「全球」與「在地」中掙
扎地做出選擇。這種認識框架忽視了在所謂全球的與本土的
兩者之間的辯證互動（Giddens, 2000a: 95），「全球」與「地
方」並不是非此即彼的實體，而是交相滲透展現的動態過
程，通訊、資訊與運輸科技的發展使得任何一個地方都可能
受到來自「全球」的影響，但同樣的，任何地方也都可能登
上所謂全球的舞台，Robertson（1995）稱之為「全球中的地

方，地方中的全球」（the local in the global, the global in the local），地方必須以做為全球的一個面向來理解，同樣的，全球亦非完全與地方無干的抽象存在，而是以各種形式在地方中出現，兩股力量處在相互構成、相互強化的持續辯證過程。換言之，研究全球現象不代表要徹底的離開地方進入全球場域中，而是可以在地方生活中種種具體的事物中進行理解，Beck（2000b：72-77）即提出「生涯史的全球化」（globalization of bibliography）現象：不同的世界同時存在於一個地方、一個個人，這使得「全球」不再是一個在外部窺視、威脅的巨大整體，而是在固有生活中的固有空間中展現。全球化不只意味著解地方化，同時也需要「再地方化」[44]，普遍主義與特殊主義之間，中心化與解中心化之間，這些矛盾關係並不自然地坐落於全球／地方兩極，而是混雜的在任一端點現身[45]。正是在（二元主義式的）排除式的（exclusive）框架中，作為整體的全球才被區分成各個彼此分割的世界及附屬體系，並被視為是彼此隔離不相關聯的存在，不同的認同和歸屬是彼此排斥的。Beck因此要求以一種包含式的（inclusive）架構來理解世界，在其中（文化）界線並非來自排除劃分，而是可能彈性地隨脈絡而變化，「重疊的忠誠」也才可能出現，換言之，在全球文化場景下要追

求一種「有脈絡關係的普遍主義」（contextual universal-
ism），將脈絡關係整合到普遍的觀念中，開展文化與文化、
文化內部間的種種對話，並不存在彼此分割隔絕的諸多世界
[46]。

　　如果全球與地方並不是在互斥的區隔中展現，那麼就無
法區辨出全球空間與地方空間的差別，而是在不同的向度上
都可能開創出匯集全球與地方元素的新空間。Arjun
Appadurai（1990）針對各種跨界流動日益強化的現象，提出
族裔地景（ethnoscapes）、媒體地景（mediascapes）、科技地
景（technoscapes）、金融地景（financescapes）及意識地景
（ideoscapes）等五種歧異（difference）、斷裂（disjuncture）、
不規則且超越國界的風貌[47]，這些流動地景都是多元想像世
界（imagined worlds）的一種，是全球各地的個人與團體在
各自坐落的歷史想像中所建構出的，在不同空間內部亦產生
不同的形貌。一個正在成形、時時轉變中的全球地方文化並
不固定於特定地點與時間，也不會就在特定地區推動同質化
或異質化的單向力量，開創新空間與新行動成為可能的想
像，Ludger Pries（2001b）指出，一種不同於傳統空間中那
種強調排他、單一、一致特色的跨國社會空間（transnational
social spaces）已逐漸發展成形，一方面讓過去彼此分隔的空

間開始有接合的可能性；一方面個別社會空間場域中所出現
的分歧也愈形擴大，這是種具有多極地理傾向（multipolar
geographic orientation）的新興空間，必須揚棄傳統研究中透
過「絕對式貨櫃思考」（absolutist container thinking）來理解
社會一空間關係的認識框架，才可能對全球化進程中超越國
界的各種流動及由此而生的新興社會關係進行考察，例如
Pries 就引述 Schiller、Basch 及 Blanc-Szanton 三人對於跨國移
民的研究指出，移民在移入國建立的新社區不能單單看成是
其原生地的延伸，而是一種多方向、多次互動、多端點
（multi-sited）且**融合超越**原生地與移入地兩者的新興社會領
域（social fields）（Ibid.: 17-18）。同樣的，儘管批評者一再
強調資訊科技的革新並未改變資本主義的本質，但是這種將
資訊科技工具化的論述卻也忽略了在新興資訊科技中（尤其
是網際網路及多媒體的發明），「將文本、意象聲音整合入
同一個系統中，在開放與可取得途徑的條件下……在全球性
的網絡互動，的確是徹底改變了溝通的特性，而溝通決定性
地形塑了文化」[48]（Castells, 1998: 334），一個個不以實體疆
界、血緣、宗教加以維繫的虛擬社群（virtual community）得
以成形，並出現「真實的虛擬之文化」，真實與想像共同構
成一個新的文本：一個**超文本**（hyper-text）。在網絡世界中

也可能出現與實體空間並存的新興（虛擬）空間形式[49]。簡言之，不論是空間、互動模式、認同與群體，在這多元複雜的交流過程中都可能展現出文化的多樣性及無限可能性。

由以上的簡單討論中可以看到，研究者雖然都宣稱於理論中建立對世界的正確認識，但是在將全球與地方視為一組對立互斥概念的框架下，反而都於不同面向及程度上簡化了複雜的生活世界，文化超全球主義者固然試圖以抽象的市場邏輯主宰生活、符號及意義的運轉，讓文化領域事實上淪為經濟領域的附庸；但是本章中整理出的兩種懷疑論在反駁超全球主義的同時，卻也不經意地鞏固了隱身於己內的霸權（論述）結構，同樣無法肯認在此領域中所蘊涵的豐富可能性，不知覺中抹殺了文化創新的可能性。因此有必要建立一個新的認識典範，理解不同文化體系間的互動變遷過程，理解新的、跨國的社會文化空間開創的可能性，及其對不同文化脈絡中不同個體的影響，當然這並不代表文化間諸元素的交流是平等而為各方所樂於接受的，**權力的考察**始終是重要的，但是對於權力的運作同樣也必須放在更細膩、更複雜的情境中予以理解，關注（全球）權力結構的同時也不能忽視（群體）個體轉化創造的能力，儘管這種能力總是受到物質環境及社會脈絡所限制的。我們無法拒絕全球文化，因為全

球文化早已隱身於生命歷程建構中，我們無法否定在地文化，因為各種殊異的在地性也早已銘刻在身心裡，但是在探究自身存在之形成、變遷的同時，在拆解各種權力支配形式的同時，也參與了這全球在地交雜的持續建構過程。

註釋

1 除了在國內新聞吸收轉述自國外媒體的資訊外,網際網路的應用會
  是個更便利、更主動的方式,除了電視媒體外,還可以連結至各個
  平面媒體的網站,不過前提當然是具備基本的語言能力。

2 透過網際網路,即使端坐家中也可以購買來自全世界的各種商品,
  例如曾經在台灣喧騰一時的偷拍光碟在美國的拍賣網站ebay上亦可
  購買得到。在地的消費者因此可以越過商品經銷商直接面對廣大的
  全球市場。

3 即使不論這些具有全球知名度的商品,只要這個商品的生產過程中
  存在跨國性的分工體系,也很容易在消費的過程中與全球產生連
  結,例如每個芭比娃娃的生產都可能牽涉到在中國大陸的製造、香
  港廠商的管理及美國本地的運輸銷售,購買芭比娃娃的同時,我們
  也以不同身分參與了這個全球體系之中。

4 Waters將文化定義爲符號(sign)的生產與交換,比起其他兩個領域
  文化生產與再生產的過程比較不容易受到資源及時空的限制。因此
  如果單就上述商品的消費使用現象來看,那麼文化領域的確有著相
  當強度的全球化表現,亦即不同地區、文化背景的人們都很能夠輕
  易地理解、複製這些商品的符號意義。不過John Tomlinson指出即
  使是象徵、符號層次的交流亦涉及物質的實體(商品),這同樣可能

限制了符號流通的程度（2001）。

5 這裡指的是出現於西方國家的「民族國家」形式及民族主義訴求在帝國主義的侵略過程中也同時擴散到非西方世界，並且爲這些非西方國家所接受。這種意義下的全球化就不是像當代全球化一般強調對既定「疆域」的突破挑戰，而更著重於某種「秩序」在全球建立正當性的過程，這種全球秩序反而鞏固了主權國家的疆界。

6 不可忽略的是，這些基礎結構的建設在全球呈現出高度不均衡的現象，主要的通訊網路仍然集中在經濟發達國家之間。而使用這些通訊設施也必須在特定的「共通語言」基礎上才能進行，Jameson特別提醒必須注意國際語言（尤其是英文）使用上所隱藏的權力關係（1998：59）。

7 之所以不將McWorld直接翻譯成麥當勞世界，是因爲在George Ritzer看來，McWorld代表的是麥當勞的組織營運原則已經擴散到其他行業、其他文化地區之中。許多公司因此也以Mc作爲企業別稱的開頭，像是標榜能提供快捷治療的McDentists、McDoctors，McPaper則成爲 *USA TODAY* 的別稱（2000：10）。

8 很明顯的，超全球主義者不一定會運用這些帶著批判意味的詞彙來形容自己。他們只會像大前研一及Friedman一般將這種全球文化同質化的現象視爲是消費者的選擇結果。在這個領域裡，超全球主義者往往在多元開放的全球文化修辭背後隱藏對於同質化的預測（或

期盼),因此往往必須佐以批評者的論述,才可能整理出超全球主義者在文化議題上的想像。

9 Friedman分別以橄欖樹(olive tree)及凌志汽車(Lexus)代表傳統、根源的歸屬感與對現代生活的渴望,並且認為兩者的衝突雖自古有之,但還是應該要盡量保持均衡,一如在前一章中所提到的,不同的文化在面對全球化衝擊時,應該要建立一套過濾及保護機制。但是這個機制並不能保證特定文化的存續,最後仍須交由全球市場檢驗,在Friedman書中提到的幾個均衡共存的例子當中,橄欖樹是在讓自己商品化、通過市場考驗的情形下才得以存活的。

10 這些基礎設施包括了電話、行動電話、電視、電腦及網際網路等。還是要注意的是這些通訊基礎設施在全球是不均衡地分布著,絕大多數的電話傳輸量仍集中於世界最富庶的區域;儘管同為北美自由貿易區的成員,1997年時美國人民擁有的網際網路主機比率,是墨西哥的120倍以上(千分之38.4:千分之0.3)(Held等,2001:433)。

11 「真正有能力將企業生產產品藉由新型態的通訊、廣播與電腦等基礎結構管道達成分配者,仍舊不脫位居文化全球化過程核心的大型企業……結合媒體、娛樂與資訊等真正名副其實的全球大型企業開始活躍於全球文化市場」(Held等,2001:437)。這些像時代華納、Disney、Sony、Universal般的文化多國籍企業不會滿足於單

一產品市場，而總是試圖透過公司間的合併或聯盟跨足到各種文化產業中，例如時代華納集團在 1996 年底時，已經擁有 24 家雜誌社、世界第二大的出版體、華納音樂、華納兄弟電影公司及散布世界各地的電影主題公園、HBO、CNN、TBS、TNT 等無數個全球皆可收看的頻道等（Herman & McChesney, 1997），並且積極跨足網路事業，與美國線上（AOL）合併。

12 許正平在民國 91 年 4 月 21 日的《中國時報・人間副刊》，這樣寫著〈IKEA 之夢〉：

　　然後，他想起了眾多電視廣告中熟悉的一則。廣告裡，一對新婚的年輕夫妻妙用幾樣家具神奇地將他們侷促的居家空間變化成多功能的住宅，並且讓他們雖不富裕卻顯得體面，建造了一座夢中家園。具有浪漫的、烏托邦式的、童話色彩的一則廣告，一則現代城市的羅曼史，彷彿小時候用彩筆在紙上餐廳畫天倫樂。於是，他也想起廣告所要推銷的那家神奇家具店，想起畫面最後從白色背景上浮凸出來四個深藍色的英文字母。

IKEA

　　……後來，每遇到從城裡的這間老公寓移徙到另一間舊套房的時節，他總會走一趟 IKEA，……他也會在每年固定的時候，從店裡的服務台領回一本最新的型錄，閱讀時尚流行雜誌那樣地讀著，

一把新設計的椅子，一款新花樣與用色的被套，似乎便足以使巷弄間鐵窗裡那些堆疊在一起的鋼筋水泥建築蓬蓽生輝，適於人居。有些時，也不為了買些什麼，不需要特別的理由，只是不由自主地就想走進去，像格林童話中的漢斯兄妹走進糖果屋，走進一個滿足與甜美的意象世界。

色彩繽紛的IKEA總讓他以為身在糖果屋。糖果屋，就和醜小鴨、美人魚、白雪公主一樣，一種接近永恆般的典型與記憶，鑲嵌在他們小時候聽來讀來的故事裡。

他喜歡待在IKEA的時光。

13 到1998年底，麥當勞在全世界已經有24,800家分店，全世界超過115個國家有麥當勞餐廳的存在；Starbucks自1987年成立起至1998年時已經有超過1,668間分店。

14 效率指的是不管是顧客或員工，都能以最佳的方法（optimum method）達到目的，包括速食餐廳車道點餐窗口的設立、以裝配線（assembly line）的形式準備餐點、經營流程的改善、產品的簡化：提供「以手就食的餐點」（finger food）以及讓顧客執行像清理殘餘等無酬工作（unpaid work），都是為了強化速食餐廳中的效率運作；可計算性強調的是對商品販賣（產品大小、成本）及服務提供（獲得產品的時間）加以量化，要求要讓數字、速度、產品及服務提供的大小等量化指標取代對食物品質的要求；可預測性則保證在

所有地區的任何時間裡，消費者都能購買到同樣的產品與服務，因此強調紀律（discipline）、系統化（systematization）及例行公事（routine），不需要也不期待驚奇的發生；最後，非人化科技不同於由人類主導的人性科技（human technology），試圖減少員工自主判斷的機會，讓整個生產消費流程都能避免人為的干擾與失誤，以求降低合理性系統的不確定性、不可預測性及缺乏效率的情形，在其中的員工從事的是只需極小技術、替代性高的「麥工作」（McJobs）。換言之，四個要素都是為了滿足合理性的要求而存在而滲透到生產消費過程中各個層次（Ritzer, 2000: 181-184）。這種將複雜的生活世界以（工具）理性加以簡化認識的方法在 Enrique Dussel（1998：16）看來是為了方便全球資本主義對世界的管理。

15 Ritzer 就指出麥當勞化的社會中，對於生育與死亡都會試圖以各種可計算的判準進行控制，成功的將出生與死亡理性化的，必能夠獲取可觀的經濟效益（2000：146-166）。這些原則雖然不一定為不同行為者或論述者所察覺，但卻也常可發現廣泛應用之處，例如 Friedman（2000：241-268）的「預防衝突的黃金拱門理論」就是指出當一個國家已經具備足以支撐麥當勞連鎖體系的消費能力時，那麼自然會思考發動戰爭的成本損益而減少戰爭、衝突發生的可能性。Friedman 應該能接受麥當勞原則全球化後的結果將會帶來一個普同式的和平世界。

16 在超全球主義者心中，消費者具有的選擇機會及個體自主性是一種
   具有創造能力的自由，可以用以訓練成為追求政治自由的基本能力
   （Jameson, 1998: 71），這似乎也可以解釋為什麼經濟、文化領域中
   的超全球主義者在論述中對新興消費主體的熱切期盼了；消費者所
   擁有的自由將可推動創造全球民主。

17 弔詭的是，這些不理性往往是合理性系統運作的結果，例如出於效
   率設計的收銀台前卻往往大排長龍；消費者自以為經過理性計算之
   後的消費背後隱藏了業者的暴利等。另外，麥當勞的食品原料在生
   產過程中對生態環境的破壞並不會納入這個計算過程的考量當中，
   可是生態破壞的結果卻是可能影響、反噬所有人類的（Ritzer,
   2000: 123-145）。這種說法符合了Beck風險社會的觀點，風險的形
   成、傳播事實上是超出人類控制能力的。

18 法國導演Jean-Luc Godard在電影《愛情研究院》（*Eloge de
   L'Amour)*中即反覆提及：美國人沒有故事，所以只能跟其他國家
   借故事來說。Morley與Robins也引述Hebdige的話指出美國是一個
   沒有歷史的國家，因而也沒有真正的文化，它已成為「威脅全世界
   每個先進工業民主國家的典範」（1995：50）。

19 筆者雖然同意在某個程度上全球文化的確無法在共享記憶的基礎上
   建構深厚的認同，但是筆者認為這個提供意義與價值的家園也未必
   如Smith所言為國家所獨有，包括血緣團體、社群都能在不同程度

上提供共同記憶與歷史，形成不同的命運共同體。除此，家園也不一定得從土地或血緣方面界定，宗教同樣可以提供這種強烈的歸屬感，在不同位置上感受到威脅的行爲者會訴諸不同形式的家園。

20 Ritzer指出麥當勞世界的特質就是這種淺薄性，所有的產品都只是擬像（simulation），擬像既是淺薄的又是非眞的（inauthentic），麥克雞塊就像Andy Warhol的畫作一般，無從區分正版與複製的差異，麥克雞塊是與原版「雞」無涉的重複再製（2000：186）。從Jean Baudrillard的話來說，在擬像的世界中，符碼（code）已經取代眞實，或者說，符碼就是眞實。

21 可見這種在全球化過程中尋求原鄉認同的現象不僅僅發生在非西方國家中。歐洲面對全球化的回應分別有：推動促進一個歐洲共同社會認同的觀念、創造眞正的民族社群（authentic national community）以及小規模的地方認同（像西班牙中的巴斯克人 [Basque]）三種（Ibid.: 19-21）。由這三種回應方式也可以看出來，不是只有（民族）國家層次才能夠提供「眞實」的歸屬感。

22 因此這些傳媒也可以成爲爭奪認同、意義等詮釋權的鬥爭場域（Barker, 1999）。

23 使用記憶銀行這個術語，表示不認爲構成集體記憶的諸多元素是靜止僵滯的，而是根據當代社群的需要有意識採擷而成的。

24 Sontag對攝影的評論如若放在消費社會的圖像空間（spaces of

images）中似乎也頗貼切，MTV中片段零碎的影像更顯現出一種無時間的現在（timeless present）（Featherstone, 1990b: 69），影像世界與真實經驗生活的距離更加遙遠。當然對Baudrillard而言這種距離就不存在了，虛擬的符碼早已成為現實的核心！

25 Roland Robertson（2000：113）談到全球秩序的四種可能形式，其中從共同體（gemeinschaft）的角度出發可以發展出兩種全球共同體，分別是由一系列相對封閉的社會共同體而組成的世界秩序，以及一個充分具備全球性的共同體所支撐的全球秩序。

26 例如Morley與Robins書中曾提及的Jean-Marie Le Pen在2002年法國總統大選第一輪選舉中，即以仇視外來移民的極右民族主義訴求領先左派的Jospin而獲得進入第二輪選舉的機會。各種形式的移民是一種跨越國界的流動，自然是全球化力量的代表之一，也都可以被解讀成對一個固有的、純淨的民族的入侵。

27 指的是美國行政機構、軍事單位與民間產業形成的利益權力互相糾連之共同體。

28 也正因此在一九六○、七○年代中，第三世界國家挑戰所謂的發展意識形態（development ideology），發動不結盟運動，呼籲建立「世界資訊與傳播新秩序」（New World Information and Communication Order, NWICO），要求資訊不能僅像西方國家宣稱的「自由流動」，而是要自由及均衡的流動（free and balanced flow

of information），必須打破國際間資訊與文化不對等流通的現象
（MacBride & Roach, 2000）。

29 Sklair指出像六○年代的學生運動在當代也已經轉化成媒體事件
（media events）的一種，只能配合商業利益的考量而片段支離地再
現（1998：297）。Harvey也指出前衛藝術過去在現代主義時的批
判潛力，在後現代主義下不但被取消，而且對商品化投降示弱
（1989：54-59）。我們也可以想像像Che GuevaraT恤的流行。在其
中，特定人物、歷史的批判意義與消費過程是完全脫節的，所以，
也許我們也可期待在某個特殊的商業考量下，Marx的相關產品也
會熱賣，甚或民族主義、懷舊、懷鄉思緒也都可以成爲商業消費的
對象。

30 當然，這種瓦解（勞工）階級的策略不僅透過消費主義的擴張而進
行，前一章中提到的彈性積累體系更是將生產過程中的勞工階級進
行原子化的分割。兩者的配合一方面剝奪了勞工團結的可能，一方
面也削弱了階級意識出現的可能性。

31 民族國家架構使得社會的範圍與國家的範圍幾乎重疊一致；「公民
社會vs.國家」的架構預設了公私部門的分野，政治與非政治風
貌、營利與非營利部門都有著清楚的區隔；社會階級架構對社會學
而言是重要的分類架構，同一階級或同一身分團體的成員，被視爲
具有共同社會位置與共同命運（孫治本，2001b）。

32 這種美學性質不僅指涉擁有特定實體的（美學）客體，像流行音樂、電影等，還更強調由這些物質客體所展現的符號價值與形象（Ibid.）。

33 Jameson（1998）也認爲這種經濟文化化（becoming cultural of the economic）與文化經濟化（becoming economic of the cultural）的現象是後現代情境中大眾文化的特徵。

34 這種對個體主觀能動性的強調也經常出現在對於文化帝國主義論的反駁論述當中，許多文本中都會強調即使特定的文化類型擴散到世界各地，不同文化區中的閱聽者（audiences）也會根據其文化脈絡及個體需要來加以重新詮釋，而不僅是被動地接受來自核心國家的價值與訊息（Tomlinson, 2001）。

35 這種個人主義化的社會分類必須具備幾個特質：爲個人所認知、分類架構不必涵蓋所有社會個體、分類指標有多重可能性、個人也可主觀創造社會類別。

36 芭比娃娃或許有相當多種不同的造型搭配，甚至根據不同的文化可以有膚色、服飾上的變化，但是不要忘了，每一種造型的芭比娃娃在全球市場上都可以有成千上萬的銷售量，每一個造型的娃娃都是在標準化的大量生產體系中被製造出來的，可以在 www. barbiecollector.com/index.aspx 網站中看到各種類型的芭比娃娃。

37 既然認定威脅是來自群體外部，那麼群體之內就應該是同質性的整

體的，那麼認同的純正也就不會是問題了。

38 例如陶東風（1998）即指出中國在九○年代的後殖民批評經常在運
　用解構主義理論批判歐洲中心主義與西方現代性的同時，卻又矛盾
　地持著本質主義的認同與族性觀念。

39 對於特定空間的認識是透過疆界的劃定才可能的，因此重點並不在
　於空間內部的各種殊異面貌，而著重於疆界的確定與穩固。
　Tomlinson就引述Peter Taylor的話指出，當我們在思考（民族）國
　家時，很自然地會將之與「天然的」空間標誌視爲理所當然，使得
　國家預先排除了其他社會世界的存在，文化想像也就因此被限制在
　因民族國家劃定的領土認同上（2001：118-119）。必須強調的是，
　雖然對許多論述者而言，這種在地的空間就等同於民族國家的疆
　界，但筆者認爲不僅於此，只要在論述中有意相對於全球力量而區
　分出的在地文化社群都可能據以宣稱文化邊界的不可挑戰性及內部
　同質性。

40 這也意味著文化團體中不同成員在接觸到「外來」文化後所可能產
　生各種別具創意的回應將被忽視。

41 如果按照Benedict Anderson（1991：24）的理論，一個想像社群之
　所以能夠成爲認同的對象是因爲在一個人工劃定的範圍中，「同質
　而空洞」（homogenous, empty）的時間能提供給疆域內部的成員一
　種橫斷的共時性（simultaneity）的感受，那麼在不受時空區隔的網

際網路世界中，這種共時性的感覺更可能在特定議題上獲得強化，對於全世界的觀眾而言，911事件就代表一個共同**體驗**的回憶。另外，從全球環境生態變遷角度看，跨界污染及全球暖化現象也都足以萌發一種跨越全球的共同命運感受。

42 Frantz Fanon 的貢獻之一在指出：認同從來不外在於或是先於政治，認同經常銘刻在特定的歷史中：認同所命名的不僅是主體的歷史，也是在歷史中的主體（陳光興，1996：93）。換言之，並不存在一個先驗的認同對象，必須從歷史脈絡與權力互動的過程觀察認同的發展與變化。

43 這種二元主義當然包括了像現代／傳統的對立，這個對立並且成爲「唯一且舉世適用的人類發展故事，並將西方置於歷史的先驅」（Tomlinson, 2001: 71）。

44 儘管這樣的需要往往有著經濟動機上的考量。除此之外，Beck 也提醒再地方化並不意味著地方的復興，再地方化是藉由無止盡的解地方化進行的，不能像本章所指出的第一種懷疑論者一樣，陷入狹隘的鄉土主義中。

45 這代表一種跨地方的連結（translocal connections）現象，在其中無法以單向的架構描繪全球圖像（Cvetkovich & Kellner, 1997）。

46 Beck 認爲在普遍主義與脈絡主義之間可以出現四種組合，分別是啓蒙式的、總體化的「普遍主義的普遍主義」（universalist universal-

ism）；堅持完全不可共量性，成為一種後現代的準本質主義式的「總括一切的脈絡關係主義」（totalizing contextualism or contextual contextualism）；放棄對話、干涉可能性的「普遍主義的脈絡關係主義」（universalist contextualism）以及「有脈絡關係的普遍主義」四種（2000b: 81-86）。

47 族裔地景指的是遊客、移民、難民、外籍勞工等在全球移動的人們所形成的不安定景觀；媒體地景指的是全球媒體對形象與理念的傳播；科技地景指的是跨越國界的技術流動；金融地景指的是全球金融市場中的快速而大規模的瞬間交易；意識地景則是指各種理念、意識形態的散布與關聯。

48 Castells 並未天真的就認定在開放的網絡世界中就不存在權力的集中現象與運作了，使用資訊科技的能力在社會階層、性別及不同國家間都是不均衡的。他強調我們並不是住在一個地球村上，而是住在一個全球性生產、地區性分配、顧客取向的小屋裡（Ibid.: 349）。

49 Margaret Wertheim（1999）指出在不同的歷史時期及文化脈絡中都有著不同的關於空間的想像，空間並不總是與實體的、自然的環境結合，而可能是真實與虛擬的共存。

第四章　政治全球化

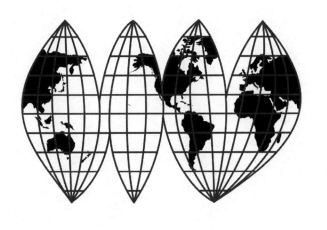

　　在討論過經濟與文化兩層次的討論後，本章將處理政治
領域全球化的相關辯論，一方面進行相關論述的整理回顧，
一方面同時也試著與傳統的主流政治學研究進行對話，反思
在一個於諸多領域都日趨全球化的時代中，政治學研究是不
是還能正確的提供關於這世界的圖像、提供（政治）行動的
指引；這樣一個「全球化背景」又為政治領域及政治學研究
帶來什麼樣的衝擊。這個觀照注定是困難的，一來「政治全
球化」的定義遠較經濟、文化全球化都還要來得複雜：論及
所謂的全球經濟或全球文化，都可以較粗略地以一體化
（unification）或普遍化（universalization）的角度加以框限，
但是所謂的「全球政治」卻無法如此輕易著手，「政治全球
化」既可以指涉特定政治原則、規範的全球擴張[1]，也可以
是關於建立全球政體（global polity）、全球公民社會（global
civil society）、全球霸權（global hegemony）的種種實踐與理
論生產。其次，針對政治全球化此一議題進行討論時，研究
者的理論工具同樣決定了理論可能發展的方向，如果未經反
省地繼續援用傳統的理論框架關於結構、行動者的種種假
設，那麼全球政治亦不過是「國際政治」的同義詞或延伸，
關切的焦點仍將集中於傳統國際關係理論中國家間權力的互
動（MacLean, 2000），從既有的認識框架出發，即使闊談全

球政治的種種，讀者依然無法察覺世界究竟發生了哪些變化，這些論述只是再一次地鞏固了既有的學科霸權。因此，對於此一領域中討論的整理，除了耙梳眾研究者論述中「政治全球化」所指究竟為何，還必須同時返照支撐其理論開展的諸多（不可挑戰地）假設。

　　換言之，就算同樣使用「全球政治」、「政治全球化」這些詞彙用以描述當今世界政治現狀，不同立場的論述者還是可能發展出截然不同的理論。例如 Waters 指出不論是在政治文化還是國際關係兩個政治學研究中全球化趨勢最為顯著的兩個領域裡，國家對政治全球化都還是抱持著高度的抗拒，他認為之所以有這種現象是因為政治是高度的屬地活動（territorial activity），而組織性的民族國家正是在領土上建立主權的最有效方式[2]（2000：192），政治全球化的發展也只是顯示出國家在當今世界面臨的種種危機及能力弱化現象。但是對 Held 等人而言，談政治全球化就是談領土政治如何走向全球政治，「政治權力與政治活動**跨越現代主權國家疆界不斷地擴張**」（2001：62，黑體字為筆者所強調），換言之，全球政治不僅意味著如 Waters 所言不同國家間政治行為的互動交換，還挑戰了傳統國際關係研究中國內／國際、對內／對外、領土／非領土、秩序／混亂的**先驗**劃分，甚至全球政

治中所關切的議題也不限於權威、權力、安全等傳統政治學領域中的問題設定，而必須涉及更多經濟、文化與社會領域的關懷[3]。在這種全球政治觀中，「政治」的定義得以開展而不一定附屬於特定的疆域中，國家扮演的角色及地位也才可能嚴肅地加以反思而不是不加挑戰地視為既存而不變的存在。從這個角度出發，本章中論及的超全球主義論述除了審視全球物質環境的眾多變化外，還必須進一步地觀察論述中是否挑戰了主權國家及傳統的地緣政治（geopolitics），主權國家功能、權威逐漸弱化的同時，進一步以全球為範圍建立一套共享的基本規範與價值，理想中的全球公民社會、全球治理（global governance）得以出現。反之，懷疑論者則繼續堅持現實政治（Realpolitik）的基本假設及觀察並未動搖，權力政治（power politics）仍是國際社會運作的本質，因此狀似美好的普世價值其實也只是為了滿足國際強權需要的修辭[4]。以下將分別介紹這些論點。

第一節　超全球主義論

　　本節將分成兩部分進行，第一部分的觀點集中於在全球化的時代中所出現的各種跨國問題，不是單一主權國家有能力面對解決的，主權國家的功能愈形弱化而轉移至國際組

織、非政府組織（non-governmental organizations, NGOs）、
區域集團等非國家機構身上，國家不再是國際社會中唯一的
行為者。第二部分則順應第一部分的討論，認為在一個權力
多元分散的世界社會中，超越國家中心（state-centic）的思
考將可以創造一個民主的全球公民社會。

一、主權國家的式微

自 1648 年歐洲各國簽署西發利亞（Westphalia）條約
後，主權國家的原則才逐漸成為國際間的共識，主權國家逐
步成為國際間唯一且合法的行為者，共同組成一個國家間的
社會（society of states），透過各國家間的相互承認，各個民
族國家獲得對內最高、對外平等的主權地位[5]（Held 等，
2001）。這套現代國家及國際體系則隨著歐洲殖民主義的帝
國擴張傳播到世界各地，並為不同地區、文化的人們接受
[6]，主權國家的制度與原理成為當代政治學理論與政治活動實
踐中一個不可挑戰的前提：承認「人為分割的政治單位」已
經成為政治活動開展的基礎，而政治學研究就只能探討主權
國家內的種種制度安排以及國際政治中各國家間的權力互
動。與領土、主權結合的民族國家被視為是世界社會中唯一
且具意義的行為者[7]，在無政府的國際社會裡（理性地）追

求各自的最大利益與權力。人為劃定的、源起歐洲的、具歷史特殊性的主權國家及由主權國家構成的國際體系在認識及實踐上都成為不可挑戰的永恆存在，一如在第一章中所提及的，主權國家對地球進行人為切割的同時所劃定出的疆界，同時也框限了其他社會科學的論述空間，伴隨特定領土的主權國家成為一個大貨櫃，主宰、限制了想像與行動發展的方向及可能性。

雖然主權國家原則如此深植於一般大眾及學院之間，但是由歷史的視角切入，認識到此一原則乃是奠基於特定時空的建構產物（星野昭吉，2000），則一旦物質基礎、歷史條件發生變化，主權國家不再能有效解決其所面臨的問題，那麼西發利亞模式就存在著變遷甚至消亡的可能性，而當代伴隨資訊、通訊及運輸科技發達所帶來的種種全球化現象及其問題，也正逐漸腐蝕主權國家繼續存在的正當性基礎。Strange（1996）就指出在全球市場的擴張建立過程中，由跨國企業（TNCs）主導的市場力量逐漸凌駕於國家之上，主權國家不論在產業控制、科技研發、勞工管理政策等議題上都失去主控的能力，過去專屬於國家的權威逐漸分散至不同機制或地方政府手中，國家轉變成為眾多政治權威與認同中的一種[8]。李鑫煒（2000）強調全球化進程中國家受到來自經

濟相互依存、科技發展、國際組織、跨國運動與思潮、一體
化與分裂主義等趨勢的種種挑戰。Joseph Camilleri 與 Jim
Falk（1992）也指出在面對通訊技術的全球一體化發展、全
球市場的建立以及全球環境變遷帶來的生態危機等三個結構
性的變革，主權國家的調節應對能力是極有限的，個別主權
國家甚難獨立行使權力。以生態危機這一個足以凸顯主權國
家限制的議題爲例，兩位作者指出，主權思想不僅界定了社
會世界，主權領域同時也代表物質領域，主權國家不僅要求
一個明確的疆域，國家的社會、經濟和生態也必須有明確的
劃分，但是這種人爲的分割在概念上與被視爲一個完整體的
全球生態體系就是衝突的[9]，1985年發生在前蘇聯的車諾比
核電廠意外更說明了主權國家模式無法適應全球生態及技術
發展現實的狀況，全球生態體系的交互影響是跨越國界的，
而現代科技發展過程中伴隨的那些無法爲人類掌握的**風險**同
樣可能跨越國界地影響不同地區的人們。兩位作者認爲主權
國家對於生態圈的任意分割反而加速生態環境的惡化：首
先，主權論述的理論與實踐從地理上將國家從全球行動中隔
離開來，其次，彼此間分隔的主權國家除了使得污染者有機
可乘[10]，主權理論並且掩蓋了導致環境惡化的主要政經關係
[11]，最後，主權論述妨礙了爲了應付這些生態危機挑戰而採

取新措施的可能性[12]。David Goldblatt（1997）也說明對於
生態惡化這一危機，傳統國家的政治運作常常只關切當代人
的利益，而且主權國家總是將這些與科技發展相關的現象視
為非政治（non-political）的議題，妨礙公共論述介入了解討
論的可能。因此，主權國家不僅從功能上無力解決這些全球
生態問題，根深蒂固的主權國家論述更是阻礙了新的全球行
動與認識發展的可能性。

　　星野昭吉從另一個角度切入，指出作為社會建構產物的
主權國家存在**先天的限制**，如前所述，西發利亞模式中假設
國際間是無政府的狀態，則國家安全（的保護與爭取）就成
了主權國家的根本價值，換言之，在現實主義者看來，「民
族國家是安全主體，國家利益是安全目標，武裝力量則是安
全的手段」（2000：125），這種安全觀就如同主權國家對地
球的任意分割一樣，也是片面地呈現，星野昭吉強調安全是
不可分的，強調（國家）軍事安全的觀念已經無法為全球不
安全（global insecurity）、共同不安全（common insecurity）、
全面不安全（comprehensive insecurity）及人類不安全
（human insecurity）等現象提供正確的描繪與解釋，反而忽略
其他諸如食品安全、生態安全、社會文化安全、能源安全、
海事安全、人權安全及人道主義安全等種種全球安全（glob-

al security）目標，全球安全意味著每種安全問題對全球都有
其（不均的）影響性，同時不同地區、國家、部門與個人的
作為也可能影響到全球安全的變化，換言之，一個從全球角
度出發的安全觀念中，主權國家能扮演的角色是相對弱化
的，也只有在行動及認識上揚棄主權國家的地理及認識框架
才可能建立起這種全球性的（安全）政治觀。全球政治即意
味著主權國家不再得以宣稱對內享有最高的權威來源及文化
的壟斷性，世界社會中各種複雜事務的管理也不再靠主權國
家才可能達成，（全球）治理的功能不見得一定要透過主權
國家才得以實現，治理與政府統治並非同義詞，沒有政府的
治理（governance without government）是可能的（Rosenau,
1992a），國家因此必須與其他機構或組織共同分享全球領域
中的管理權力與責任[13]。簡言之，西發利亞模式中的主權國
家一則在現實上無法面對解決全球層次的諸多問題，一則在
認識框架上也限制了透過全球行動以克服困境的可能性，因
此不論在實踐上或規範意義上，全球化時代中的主權國家不
論從功能滿足或自我證成的角度來看，都是呈現逐漸萎縮而
退卻的現象，全球政治指涉的因此也不再是奠基於西發利亞
模式之上的國家間活動，而是一種多層次的政體（multi-lev-
elled polity）（Delanty, 2000），形成一種權力多元分散的「混

合行為者體系」（Held 等，2001）。

二、普世民主與全球公民社會

隨著主權國家功能及意義上的弱化，有論述者強調世界
已非國家的世界（a world of states），而是一個嶄新的世界社
會（world society）（Ernst-Otto Czempiel, 1992; Meyer, Boli,
Thomas, & Ramirez, 2000），必須拋棄過去以（新）現實主義
為基礎的國際關係研究假設，個人及各種社會行為體才是
（國際）政治學研究中的重要主體。Rosenau 指出傳統國際政
治研究中，三種被視為基本劃分標準的全球參數（global
parameters）也發生轉變，分別是：在宏觀參數部分由民族國
家的無政府體系轉變成國家中心和多中心體系共存的多中心
世界[14]；在微觀參數部分則強調個人由過去的缺乏分析技巧
和能力轉變成富有分析技巧和能力；至於宏觀—微觀層次的
轉變，人們過去依據傳統等要素接受制度的指令所形成的權
威結構，則陷入危機中，人們對於制度正當性的標準開始提
出質疑（1992b：284），因此處於微觀層次散布全球的公民
行動同樣可能影響到全球宏觀層次的結構變遷，在全球多元
政體（polyarchy）中的公民身分（citizenship）自然與領土政
治中的不同，個別公民擁有前所未見的責任與自我實現的機

會[15]。換言之，Czempiel及Rosenau除了指出主權國家在治理能力上的不足與弱化外，也都強調在世界社會中將會出現直接面對全球環境的個別公民及由公民組合而成的多樣性社會組織，這是一個權力分散至各種行動者身上的多元全球秩序。個別公民及社會團體因此也更加容易地跨過主權國家的疆界進行議題及行動上的連結與合作，一個「全球公民社會」似乎也逐漸成形[16]，由於一個自我治理（self-governed）的公民社會就是支持民主的重要條件，這個全球公民社會也必然具有全球性公民民主的特質，進而得以推動一個全球性的民主化進程（星野昭吉，2000：211-238）。換言之，跨國議題的複雜性及個別行為主體的能力強化，兩個分別來自國家層次上下的動力正侵蝕弱化主權國家的職能，降低了主權國家在世界社會上的影響力，因此將有助於不同地區、民族間的公民及社會團體進行直接的溝通交流[17]，一個全球公民社會在此種氛圍中得以茁壯成長，這個現象一方面代表主權國家壓制（社會）能力的下降，一方面公民社會是透過自主公民的理性結合而運作的，建立起一種由下而上的全球化進程（globalization from below）（Axford & Huggins, 2000; Falk, 1999），具有一種「自我立法、自我管理」的特質，因此全球公民社會的出現也代表普世民主（cosmopolitan democracy）

的深化（Held, 2000），民主得以成爲政治生活的重要關懷及正當性基礎，這除了表現在民主**制度**的全球擴散外[18]（Diamond, 2000），還更如星野昭吉所強調的，民主價值已經落實於社會各層面，表現在全球公民社會的民主化上。

　　Boli 與 Thomas（2000）指出在國家功能弱化及跨國行爲者影響力增加的情形下，這個世界逐漸轉變整合而成爲一個單一的社會體系（unitary social system），跨國性的多元行爲者得以愈發感受到以「全球」作爲行動場域的可能性，而像非政府組織這一類新興勃發的跨國行爲者，往往是透過個別公民的自願行動（voluntary action）而組織發展，除了本身即具有開放及民主決策的特徵外，這些全球社會中的基本成員也反映出一些意識形態上的基本原則，分別是：普遍主義（universalism）式的關懷，強調人類共通的經驗及價值[19]；個人主義（individualism）式的行動原點，個體是世界社會中「眞正」的行爲者；建構在理性、自願上的權威（rational voluntaristic authority），如同前面所強調的，具自主能力、責任感的公民會透過理性公開的集體決策過程形成一種（自然）內發的自我權威（self-authority）[20]；強調理性進步（rational progress）的（社會）活動得以指引人類發展的方向，追求除了經濟目標外，包括自我實現、集體安全與正義等價值的實

現[21]；最後，上述這些不同類型的跨國行為者都可以是世界政體中的一員，成為平等的世界公民（world citizenship），得以在全球場域中宣稱享有超越國界的基本權利與責任，而世界公民也必然組合而成一個由民主原則治理的世界社會及世界政體（Ibid.: 265-268）。

　　Held（2000）在論及民主與全球化之關係時也指出如本節第一項中所提到的關於全球經濟與金融活動、生態危機及安全困境等各種主權國家無力單獨面對解決的跨國議題，導致有效的政治權威已經不僅僅坐落在主權國家限定的疆域中，各種跨國行為者共同推動建立一個跨國的、全球的公民社會。此外，全球化的壓力同時也衝擊到建立在主權國家體制上的自由民主理論及實踐[22]，「共同命運的政治社群」、「命運共同體」（political community of fate）此一概念不再與主權國家結合，「我們已經生活在一個有多重交疊命運共同體的世界（a world of overlapping communities of fate）中」[23]（Ibid.: 2038），民主理論因此也必須適應這些變化而超越國家疆界的限制，建立一個區域性及全球性的民主網絡，轉型邁向普世民主，普世民主就在這些不同種類網絡的互動平衡中產生。同樣的，也只有在普世民主的架構中才得以建立一個良好的全球治理體制，張亞中（2001）在討論全球治理議題

時也指出，只有在一個全球公民社會已經成形的世界裡，全球治理才得以順利推動，成爲全球善治（global "good governance"）。簡言之，普世民主需要全球公民社會的支持，而全球公民社會中的自主自律公民也有助於民主價值與實踐的深化。

　　綜合上述的討論，在此簡單整理出超全球主義者在政治全球化此一議題上的觀點與態度：

- 在經貿、文化全球交流日漸頻繁的當代中，個別主權國家越來越難獨立處理跨越國界的各種危機。
- 主權國家不僅在功能上日顯弱化，各種跨越國界的交流與行動也使主權國家在認識上的絕對性受到挑戰。
- 世界社會中各種非國家的行爲體，不論是個人還是由個人組成的團體，其影響力都日漸增加。
- 各種非國家行爲體是由自主公民理性組成的，共同組建一個開放多元的全球公民社會。
- 全球公民社會也意味著普世民主的落實，兩相結合才得以建立一個良善的全球治理機制。

第二節　懷疑論者看全球政治

　　超全球主義者對世界政治的發展勾勒出美好的願景，世界社會的出現將進一步實現地球村的美夢[24]，由資訊科技所擴張的全球視野將增加不同政治區域中的人們溝通對話的機會，也強化了在全球公民社會中合作交流的可能性，拋棄以國家安全為主導的國際觀後，也更能從全球共同安全的角度凸顯全球命運共同體的連結感與責任心，在這理性互動的過程中，一種自發的、自然的全球秩序於焉誕生，甚至可能促進全球政府、全球議會等統理機制的成形[25]（Held, 2000），理性互動將取代權力現實主義成為世界社會中運行的準則。懷疑論者則質疑這種美麗的夢想，指出雖然全球化的進程在許多部分腐蝕了主權國家的職能，但是主權國家仍是國際間最主要的行為者，國家相對於其他社會組織所占據的特殊地位與資源也較能面對各種全球性的危機；另外，更有論者強調全球公民社會的美好圖像背後隱藏的依然是霸權國家的野心，只是為了遂行滿足霸權國家的政經利益的修辭罷了，不同國家受到全球化的衝擊也是不均等的。以下將分別介紹這些論點。

一、反對全球霸權秩序

在這一類的懷疑論者中，指出全球公民社會的說詞忽略了實存狀況中**權力**的運作情形，一來在不均衡的國際政經體系中，不同的國家受到全球化的衝擊也不同（Mann, 1997），甚至有些國家如美國是全球化過程中的直接受益者，這些居優勢位置的國家其能力不僅未見下降，反而還是帶動全球化趨勢的強力推手；一來即使活躍於國際社會中的各領域，各種不同非政府機構的秉賦能力仍大不相同，富可敵國的多國籍企業與綠色和平（Green Peace）、地球第一（Earth First）等跨國環保團體所能運用的資源自然不可相提並論。在全球化進程中占優勢地位的核心國家結合從全球化中獲利甚豐的多國籍企業，透過文化─意識形態的運作繼續鞏固其霸權地位。懷疑論者就是試圖揭露全球公民社會論述中未見的權力軌跡。

一如在第二章中所討論到的，市場的建立成形及運作往往需要國家力量的介入，即使全球金融市場的擴張，也是在美國等主要國家的放任不作為態勢下才逐步建立的（Strange, 2000）。Petras（1999）也指出，認為在全球公司和新興國際力量之前民族國家已經過時甚至弱化的說法正是一種廣泛傳

播的誤解，他認為若不是國家在政治、軍事和經濟的強力干
涉下，多國籍企業與全球金融機構不可能進行全球性的擴張
與對其他國家日深的干預，（特定的）國家在當代起著更為
決定性的作用，在全球市場的推動上如此，所謂建立在全球
公民社會基礎上的世界新秩序亦是如此，Petras 批評那些鼓
吹國家已經瓦解的論述者沒能認識到：全球化的核心環節是
其涵蓋範圍極廣的政治框架，其結構是由扮演的重要政經角
色的國家所推動建立的，在其中，帝國主義國家將其影響力
透過國家機器滲透至世界各國內部[26]，所謂主權國家已步入
終結的說法，其實是為核心霸權國家提供了一個解除批評者
武裝力量的**修辭**工具，讓反抗全球化的力量無法確認其鬥爭
場域及鬥爭對象，不論是論述者或行為者，在心理上接受了
全球公民社會存在的認識後，往往也因而無視整體結構的權
力運作而將觀察焦點集中在個體間的互惠交換行為，Petras
批評道，公民社會被描述成一個政治民主及蘊涵民間經濟活
力的場所，卻忽略了不同地區、不同階層的人民是以不平等
的形式被捲入至全球化的歷程中，實在很難想像一個無法維
持基本生活水準的受剝削階級能在所謂的全球公民社會中享
有全球主義者所宣稱的諸多權利，全球主義者將國家權力運
作之外的繁雜現象一概以全球公民社會視之，正是輕忽了在

此一概念背後，究竟由哪些國家與團體在推動關於全球公民
社會的知識與實踐，Petras認為一個貌似開放而無所不包的
全球公民社會中，不僅侵蝕了特定國家的能力，也削弱了大
眾反抗的動能。不管是全球市場或是全球公民社會，都仍是
由新自由主義意識形態所主導建立的，並總是試圖將經濟不
平等問題與權力問題「非政治化」（Ibid.: 279）。Beck也強
調，全球公民社會的概念為正在全球活動的西方進行經濟和
軍事干預提供了意識形態的工具，「全球時代」可能因此變
成一個沒有東方的「全球西方」（1998：43）。

　　Noam Chomsky指出，冷戰結束後自由市場與民主政治
的原則似乎如Fukuyama所言取得全球性的勝利，美國在九○
年代以後世界逐步邁向全球化的進程中，不論是自由經濟的
倡導與表現、民主政治的實踐以及基本人權的保障都幾乎成
為全球指標，美國普遍被視為是人權、民主、自由和正義的
領袖（2000：144），除了國內的表現令人稱道外，美國更積
極推動將自由社會與人權保障的理念擴散到全球各處。但事
實上，Chomsky從各種歷史事件中批評道，儘管華盛頓當局
一再宣稱信奉1949年聯合國「世界人權宣言」（Universal
Declaration of Human Rights）中所揭櫫的各種價值，「人權
的普遍性就可以接受的行為在世界範圍內定下了唯一的標

準」(Ibid.: 148，黑體字爲筆者所強調)，但是實際上美國不
論在國內社會或國外政策上都有諸多作爲牴觸人權宣言中所
標榜的理念，不論是假各種名義遂行對其他國家的侵略行徑
或經貿制裁[27]；無視美國及其他奉行新自由主義經濟策略國
家中高度貧富不均、生態惡化及工作安全的現象[28]；拒絕繳
交參與國際組織中應負的會費，妨礙國際間對其美國欲制裁
的國家進行人道援助，並阻撓國際間對於保護地球生態的努
力[29]。換言之，在倡言推動全球性的民主，在全球捍衛基本
人權之時，美國不但在國內外政策上無法達到這個理想，更
在這種全球邁向自由民主的修辭中掩蓋了其獨斷單邊主義
(unilateralism) 的野心，整個世界其實是籠罩在美國的強權
之傘下，世界秩序的擘畫必須滿足美國以及其所支持的多國
籍企業雙方的利益 (Chomsky, 2000; Gurtov, 1999；南方朔，
2001a；殷惠敏，2002)。特定國家的能力在全球化的進程中
的確受到嚴重的衝擊，這個現象在美國於全球強力推銷新自
由主義經濟主張中更是明顯，但是並不是所有國家都受到同
等衝擊，國家能力弱化後也不代表一個多層次的多元全球秩
序就會跟著自然誕生，就如之前所言，非國家行爲者當中一
樣存在著權力與資源的差距，許多多國籍企業更是在國家支
持的基礎上得以擴張其在全球市場中的份額與影響力

（Veseth, 1998），這是一個由美國所支持保證的**帝國主義秩序**（Panitch, 2000，黑體字為筆者所強調）。如第二章及本章中所討論到的，當經濟全球化的壓力逐步挑戰國家權威，導致不具民主基礎、不受監督的多國籍企業，以及世界貿易組織、國際貨幣基金這些不利貧窮國家及人民的國際組織成為真正具影響力的全球玩家時[30]，追求並宣稱一個由全球公民與各種社會組織所共同建立的全球社會就更加顯得像是一個遙不可及的夢想了，Craig Murphy 因此指出，全球自由主義（global liberalism）在政經各層次的勝利以及由此建立起的各種具國際影響力的多邊制度，其實正在全球強化了由「市場所驅動的貧窮」（market-driven poverty），忽視這些全球**極化**現象中的種種衝突，就不可能真正建立起一個具有普遍規範效力的全球秩序，Murphy 也引述 Robert Gilpin 的話指出，所謂自由的全球治理（liberal global governance）不過只是表達出美國的權力與偏好（preference）罷了（2000：798）。全球治理因此絕不是如全球主義者般樂觀地期待全球公民社會的出現，並在這個基礎上透過全球行為者的理性互動而形成一套共享的全球秩序，相反的，Murphy 引述 Ian R. Douglas 的論點指出，「全球化」與「治理」總是**菁英控制**（elite control）計畫中不可分割的兩面，因此全球治理必然總是牽涉到

關乎財富、權力與知識的種種鬥爭（Murphy, 2000: 799-780）。James Richardson也指出在地緣政治上已經不再有威脅對手的美國，得以運用其全球霸權地位及強大的文化滲透力來遂行權力，而美國社會中根深蒂固的古典自由主義（classical-liberal）政治文化就成了美國政府大力推銷至世界各地的範本，再與自由主義經濟學家所組成知識社群強力結合，形成了新自由主義原則在各層次的全球擴散，總結來說，這個全球化過程仍然只是反映了美國（政府）的偏好（2001：135-174）。如果有一個新興的全球社會即將出現，那麼要追問的就是：這個社會為什麼一定只能在新自由主義者設定的（政治、經濟與社會）議程中實現？新自由主義的意識形態又如何被建構成一個普遍接受的準則？這個全球秩序中滿足的又是哪些國家及社會集團的利益？懷疑論者因此指出，全球化的時代中並未出現一個多元民主的全球社會，國際間主要強權國家的影響力仍是主導全球秩序的重要行為者，而像美國這樣的優勢國家正是利用將新自由主義的意識形態的全球散播以建立符合其利益的全球秩序，並進一步鞏固其全球霸權。某些主權國家能力的衰弱並不直接指向全球公民社會的勃興，反而是更多層次、更複雜細膩的鬥爭肇始之處。

二、國際現實主義的延續

在第一項中所介紹的懷疑論述，主要從左翼的立場抨擊全球公民社會的自由表象之下隱藏的美國霸權及其帝國野心，對於他們而言，全球公民社會只是一種華麗的辭藻包裝，特定國家的能力在意識與實踐上被削弱後，最後於全球場域中將只有那些繼續握有龐大權力與資源的美國及其支持的多國籍企業得以成爲最大的贏家，地球生態的困境依然無解，邊緣國家中受經濟全球化衝擊的弱勢勞工更逐步失去來自國家的基本保障，也失去抗爭的對象，這類懷疑論者因此將焦點集中於世界上各種行爲者之間的權力結構與關係。至於在本項中欲討論的懷疑論者，則主要延續傳統國際關係研究中居主流地位的（新）現實主義觀點，認爲國家仍是國際社會中最主要的行爲者，國際間基於國家權力進行互動的遊戲規則並未發生根本的改變，並不存在一個所謂的「世界社會」，世界上的諸多現象仍舊可以從「國際政治」、「國際關係」的假設與實踐中進行理解。換言之，認識世界的框架沒有也無須在所謂的全球化時代中進行調整，既有的理論工具只需補充調整即可。

結構現實主義的重要理論家Kenneth Waltz（2000）就抨

擊全球論者的樂觀說法。Waltz 對於大前研一、Thomas
Friedman 這類認為市場、（跨國）公司在當前世界已經比國
家還要來得重要的論述不表贊同，一如第二章第二節中 Hirst
與 Thompson 兩位學者對全球經濟（論）的反駁一樣，他認
為當今許多關於全球化現象的描述是過分誇大與渲染的，所
謂的「全球化」並未真正的發生，主要的經濟交換行為仍然
集中在以西方為首的先進工業化國家中，被全球主義者高度
讚揚且津津樂道的全球經濟整合在歷史上也不是什麼嶄新的
現象，甚至一如之前討論中許多學者所論證的，二十世紀九
〇年代中世界經濟的整合互賴程度還比不上第一次世界大戰
之前的程度[31]，Warltz 因此指出在世界場域中，**主權國家仍
然是最重要的行為者**[32]，他不認為經濟過程得以主導決定一
個國家的政策形成，一來世界上大部分的經濟活動都在本國
內進行，必定受其國內政治過程的影響，二來即使被視為在
全球經濟中挑戰國家權威的多國籍企業，其活動依然以母國
為主並受母國種種因素之限制[33]。「國家所具有的政治、社
會與經濟功能是其重要本質，而且也沒有其他組織有能力執
行……具有固定邊界（fixed borders）的主權國家已經證實是
最能在其內部保障和平與經濟福祉的組織」（Ibid.: 51）。除了
論證政治、國家相對於經濟、市場的優先性外，Waltz 認為

國家及由國家組合而成的國際體系有能力面對國際環境中的各種新興挑戰，例如當前的國家對於國際經濟事務的干預涉入程度其實遠超於前，國家在國際經濟領域中是扮演越來越積極而活躍的角色，絕非如全球論者所言被動地向市場讓步，同樣的，國際中大小事務之演變也必須從（主要）國家間權力的消長、國際體系的變動中進行理解。最後，Waltz強調國際體系中存在越來越強烈的不平等關係，美國依然是國際間最具權力的國家，在冷戰後已經沒有其他的國家足以抗衡，美國成為主導世界政治經濟的霸權，當今國際政治的結構及運作與過去最大的差異處並不是全球論者所論及在全球經濟的整合過程中，國家的互賴性增強，相反的，Waltz認為美國在史無前例的霸權地位及國際體系中愈趨不平等的現象才是當今國際政治中的特點，在這種國家間能力差距愈形加劇的情形下，國家所扮演的政治角色也更形重要，與國家結合的「政治」概念依舊凌駕於「經濟」之上（Ibid.: 56）。

另外，以各種國際組織來進行討論，全球論者認為這些非國家行為者的影響力逐步上升，因此國家不再是政治權威的唯一來源，國際間存在著多層次的權威。但事實上懷疑論者強調不同於國際間非政府組織，在全球場域中真正活躍、

具有影響力的仍然是像聯合國、世界衛生組織這類的政府間
國際組織（intergovernmental organizations, IGOs），而這類國
際組織的組成是建立在承認主權國家權威的基礎上，國際組
織的運作與主權國家間的相互認可，也再次確認了主權國家
存在的正當性（McNeely, 2000），所謂的全球化進程並沒有
產生一個足以超越替代國家及國際體系的超國家體系。世界
貿易組織在澄清世人對其存在的一些普遍誤解之時也指出其
中一條，就是世貿組織並沒有試圖指導國家政策的方向，相
反的，是個別政府的政策指揮著世貿組織的發展方向[34]
（WTO, 2000: 236），也就是說，主權國家在國際社會中扮演
的角色並未受到根本的挑戰。而世貿組織在強調其民主特質
時也以內部決策的形成必須經所有會員取得共識後才成立
（Ibid.: 239），在絕大多數會員都是主權國家的情形下，這個
說明其實從本體論上也再次認可了主權國家在國際社會中的
正當性[35]。世貿組織的辯護或許在反對者的眼中可以被視為
是一種掩飾擴張全球市場的修辭，但是在這些說明中同樣也
可以發現一種根深蒂固的國家中心主義，仍然以國家—國際
體系的互動理解詮釋世界上的變化。簡言之，國家職能或有
調整，但要像Camilleri與Falk這樣宣稱主權已然終結實屬言
之過早，相反的，國家仍是最有權力、掌握資源最豐的一種

社會組織，在全球化的時代中，國家只要能適時進行戰略及
結構上的調整，同樣有能力引導參與全球政經資源的分配
（Palan, Abbott & Deans, 1996; Devetak & Higgott, 1999 ；瞿宛
文，2000）。主權國家及其互動關係仍主導了國際間的變
局，這就是**現實**！

　　綜合上述兩種懷疑論者的討論，可以整理出一些基本的
看法：

- 主權國家及由其構成的國際體系，不管在實踐上或認
  識上都**繼續**保持其不可挑戰的重要性。

- 政治與經濟是不同的領域，而且政治凌駕於經濟之
  上，無法單以經濟邏輯解釋理解。

- 國家及國際體系有能力透過職能調整來面對各種新興
  的挑戰。

- 國家間存在著權力的差距，因此國際體系是不平等
  的，其中美國是極具優勢的霸權國家，設定國際間主
  要的政經議程。

- 必須從這些具不同秉賦的國家間互動來理解世界的變
  化，全球政治中權力互動及權力結構才是關懷的重
  點，全球公民社會只是一種理想的空談。

第三節　綜合討論

　　在上述兩節中簡單回顧了政治全球化此一議題中超全球主義者與懷疑論者的論述，在超全球主義者眼中，「全球政治」不僅是國際政治的延伸，除了讓「政治」的概念不再附屬於主權國家的疆界之外，全球政治的訴求中也直接面對領土政治中許多現實及理論上所無法處理的難題[36]，主權國家因此不再是唯一的權威來源，各種形式的非國家行為者共同構成了全球政治的運作，也促成一個多元全球公民社會的逐漸成形，而這些非國家行為者又往往是由自國家中解放出的自主理性公民組合而成，因此又代表了民主價值的全球深化，全球政治因此即意味著在普世民主的基礎上，孕育出一個權力多元分散且遵循理性原則互動的全球公共場域，即全球公民社會。相反的，懷疑論者一方面認為全球主義者對於全球化現象的種種描述過分誇大，懷疑非國家行為者在國際上的影響力，強調主權國家及由主權國家組合而成的國際組織仍是國際間主要的行為者，國際間諸多現象仍可以從國家決策及國家間的互動加以解釋，換言之，西發利亞秩序不論在實踐上或理論上都未受到根本的挑戰；另外一類懷疑論者則質疑超全球主義者對全球政治的美好擘畫，他們認為類似

全球公民社會的分析中忽略了權力面向的觀察，不同國家受
全球化的衝擊不同，即使在非國家行為者之間也存在著權力
資源大小的差距，更重要的，當今在政經層次上所推動的全
球化趨勢都指向滿足新自由主義的規劃期望，而這種目的論
式的全球化進程中所帶來的種種全球性的不正義，卻在一個
貌似自由開放的論述中被掩蓋住了，所謂的全球公民社會因
此只是滿足了在全球（權力）結構上居優勢位置的政治菁英
及商業集團的需求。

　　從這些討論中可以看到，在超全球主義的陣營中往往在
多元開放的期待中存在一種普遍主義式的論述傾向，認定去
國家化（de-nationalization）是一不可逆轉的（客觀）全球趨
勢，具有不可侵犯的主權地位的國家時代已經終結，全球政
治克服了個別國家分立的困境，一個由理性主導的公共場
域，終於得以以全球為規模建立起來，民主共和的理想也終
得實現。對於全球公民社會與普世民主此一理想，筆者認為
第一類的懷疑論者所提出的批判具有一定程度的效力，如果
全球化的進程只是反映了優勢集團與國家的需要，那麼就很
推論在（特定）國家終結後，一個美好的公共社會自會應運
而生，不論是哪一種美好的國際新秩序，超全球主義論述中
都傾向於將這個秩序的形成視為一種自然的過程，彷彿掙脫

開壟斷大部分政經資源的國家束縛後，權力即會自動轉向社會團體與個人所在，但事實上就算特定的國家的確在全球化進程中被弱化了，權力也可能是讓步給不受民主機制約束制衡的全球公司（Nash, 2001: 281）。換言之，對於全球政治的觀察不能樂觀地指向主權國家的終結及全球公民社會的出現[37]，主權國家的形式及這種政治組織原則的全球擴張雖自有其歷史脈絡，但是作為一個**建構**的結果並不代表國家這種政治組織形式就一定是不真實的[38]，被想像出的共同體同樣具有認同及歸屬上的強烈意義；再者，不僅是貨物、資本、資訊、意義等客體進行著以全球為範圍的跨界流動，毒品走私、跨國犯罪、越界污染及全球性的風險同樣影響著這個世界，面對這些問題，個別國家或許無力單獨解決，但是國家相較於其他全球行動者而言仍然握有更多的資源、政策工具以及（幾近）根深蒂固的**正當性**基礎[39]，很難想像可以不透過國家的協助來試圖解決上述這些跨國性的問題[40]。筆者這種論點並不意指不同國家間是以同等的條件來面對各種全球危機環境，國家間也不必然會自發地從事各種形式的合作以克服危機，事實上從美國小布希政府拒絕簽署京都議定書的事件上即可看出，一來國家經常從某種所謂國內利益的角度出發來思考國際合作的必要性，再則不同國家間在不同議題

上的影響力也大不相同，缺少占世界排放二氧化碳比例最高的美國的合作，遏止溫室效應及全球暖化現象勢必更加困難 [41] 。筆者要強調的是，即使存在這些實踐及認識上的困境，國家在全球行動場域中仍是一個極重要的行為者，國家間在各層次的互動合作仍有其必要性。極端的全球主義論述正反映出一種普遍式的立場，只有國家被抽象化約為普遍且唯一的形式面貌後，才可能斷言國家已然終結。如果承認主權國家的存在發展有其**歷史特殊性**，那麼不同國家在不同歷史時期中的職能表現、權力大小就存在差異，國家不是鐵板一塊而（始終）是受多方力量的影響滲透，因此就有必要考察全球的物質環境發生什麼樣的變化，變化又由何而生，進而導致不同國家在其認同意義、正當性基礎及功能滿足各方面上產生什麼樣的轉變，「多層次權威」、「混合行為者體系」固然部分正確地描繪了當前世界的變化，但是同樣必須注意體系中是否存在構成物質基礎、主導體系變化的結構性力量，同樣不能將體系視為靜態而固定的存在，不同行為者、不同權威體間時時發生著各種形式的不對等權力互動，處於不同位置、具不同秉賦（endowment）的國家亦有著不同的調整回應方式。

　　Ralf Dahrendorf 批評（經濟）全球化時曾指出，「全球

化用孤立的個人之間無結果的溝通取代了民主主義的制度」
（1998：213），雖然他的討論焦點集中在全球化對以國家爲
基礎的代議民主的破壞，但是在 Dahrendorf 的論述中其實顯
示了一個西方理論家常有的共通假設，也就是在第一節中討
論可以看到的，以「公民社會」作爲發展民主的基礎，活躍
於公民社會中的理性公民是支撐民主運作與信念的基石。換
言之，公民社會一方面被看成是相對於國家的非政治部門，
但同時（公民）社會又是政治行動的起源，公民社會因此就
是由號稱自**發的**、主動的行爲者進行理性互動的公共場域，
並被視爲是國家出現之前的美**好自然狀態**（石之瑜，2001：
25-54，黑體字爲筆者所強調）。不論是 Dahrendorf 或星野昭
吉，這種論述皆預設了每個國家內部必然存在一個由自主公
民透過自發結社而進行互動的（公民）社會[42]，一旦擺脫了
國家的控制，不同國家間的社會就可連結而成全球性的公民
社會，當然，只有假設不同國家內部的公民社會具有同樣的
特質，這樣的跨國社會連結才可能出現。換言之，全球公民
社會論述雖然勾勒出理想的多元開放場景，但是一方面可能
爲霸權國家的利益服務而不自覺，另一方面全球公民社會此
一概念的提出，其實同樣也成爲另一種型式的**目的論**，（理
想）全球政治的發展因此只能指向單一的（西方）模式。如

第一節中 Boli 與 Thomas（2000）所指出的，原本鑲嵌在各種認同團體中、以不同形式、身分參與全球化歷程的全球行動者也因此都必須轉化成獨立自主的「全球公民」個體。從西發利亞模式到全球公民社會，不過是另一種來自西方的政治組織原則的全球擴散，這種分析「忽略了國家對公民認同和歸屬感的創造作用，迴避掉人們非關理性或利益的深層心理需要」（石之瑜，2001：52，黑體字為筆者所強調）。Kate Nash 也論及雖然 Held 在其普世民主模式中，「人權的民主化」是個重要的議題，認為後殖民國家藉由平等參與全球治理的架構過程，將可打破人權條件源自西方標準的說法，但是 Held 卻忽略了對於民主權利的考量是具有文化特殊性的，Held 將人權與「個人」權利劃上等號時其實也只是反映了源自西方的人權標準（2001：287-288）[43]。換言之，筆者在此質疑的是，不管是主權國家的式微還是多層次權威等這些關於新世界秩序的描述，如何能在認識上就與所謂的「全球公民社會」劃上等號？如何假設不同文化脈絡中的人民皆能滿足公民社會的需要？如何認識那些選擇與國家一道參與全球化的社會團體及個人[44]？容不容許存在非西方形式的國家—社會關係？容不容許不以民主為最終價值的社群存在？簡言之，全球公民社會與普世民主的論述其實只反映了特定自由

主義傳統對（政治）世界的認識及規劃，而（有意無意地）
忽略了其他政治互動模式、政治組織、認同團體存在的可能
性[45]，在這種認識框架的指引下，全球公民社會無論如何也
不可能成為一個真正多元開放的場域，而只是反映了特定的
偏差（bias）結構而不自知。

　　雖然在本節中到目前為止的討論指出仍然不能忽視不同
的國家在當代全球化進程中所扮演的殊異角色，但是這絕不
代表繼續鞏固現實主義在認識上堅持的「方法論國家主義」
[46]（methodological nationalism）（Beck, 1999a: 90）。Gillian
Youngs分析全球化時代中的國際關係時指出，（新）現實主
義往往將做為行動主要單元的國家抽象定義為本質上全然是
疆界領土式的國家空間，「任何有意義的形式、時間、空間
都不復存在，疆界成了國家唯一僅剩的內涵要素」，並且由
此區辨界定「國內」與「國外」（Youngs, 2001: 26），這種抽
象的國家中心論因而如前所述，對權力的社會**動態變化**
（social dynamics of power）總是缺乏關注，因而往往將國家
理解成一種**本質論**（essentialism）、**化約論**（reductional-
ism）、**決定論**（determinism）式的存在[47]，本質上成為超越
時間的靜態存在，而現實的存在被抽離實際的發展脈絡，
「**存在**」優於「**不存在**」（presence over absence），既有的存在

被視爲是理所當然、無庸置疑的分析單位，Youngs引述
Richard Ashley的話指出「國家被視爲是理論家無須加以檢定
的預設，一個理論家們顯然會取得共識的事物……認爲國家
本質上應該加以問題化或尚待爭論的主張卻被新現實主義根
本地**排除**了」（2001：45，黑體字爲筆者所強調）。Youngs
另外也從女性主義的角度指出國家中心論典範中的國家是一
個尺寸放大的理性男人（state-as-rational-man-writ-large），由
此發展出的認同模式因此在本質上也是男性化的，國家中心
論及由此發展的政經理論因而只凸顯「公領域」的存在而忽
略私領域中的權力關係，連帶也強調了理性男人相較於女人
在存在上的重要性，這種論述無法探究私領域世界如何與其
他國內關係、社會再製和社會服務產生關聯，也無法「探究
串聯私領域與公領域世界二者的權力關係」（Ibid.: 39）。簡言
之，時空不能僅被視爲是一種抽象客觀的參照座標，而是**開
放、鬥爭**的場域，「國家的政治空間是複雜的、競奪的與偶
然性的」（Ibid.: 7），對於國家的理解因而也必須從**實存**的歷
史脈絡中各種複雜的權力互動關係中著手。Youngs在批判地
回顧國家中心論述後指出在概念認識上三個可能發展的方
向：首先要求去除國家中心主義的屏幕，視國家爲受到**轉變**
力量支配的**動態**社會實體；其次必須打破國際關係研究中

「表面的典範主義」[48]（superficial paradigmatism）障礙；最後，對於全球關係與現象的關注，必須從跨科際的、多學科的角度出發，豐富認識及行動上的可能性。

因此，對於全球政治的關懷，必須以去除國家中心主義之後的認識立場探討當代國家與其他非國家行為者間的動態權力關係，國家與其他社會組織，都不能被視為是僵固的靜態存在，而必須致力於爬梳占據此一時空節點的歷史社會脈絡。不論從批判或描述的角度出發，承認美國霸權的同時並不代表政治全球化的未來即必然走向美國化（或西方化），而是指出理解各全球行動者互動時無法忽略美國及其他占據優勢結構位置的社會組織其權力作用[49]（裴元領，2001；Berndtson, 2000）。在這個動態的全球網絡中，對於政治此一概念的思考也必須擺脫主權國家的領土疆界，形成可能的全球次政治或直接政治（sub or direct politics），讓過去不可能形成的政治結盟得以實現（Beck, 1999a, 1997），對於Beck而言，世界社會具有多面向的（multi-dimensional）、多中心的（polycentric）、因事而異的（contingent）以及政治的（political）幾種特質（1999a：121），換言之，這個考察不能宣稱是與政治無關的，相反的，必須積極賦予各種議題以（全球）政治的意義，於「政治的再發明」（reinvention of politics）概

念中擴大、創造新的政治內涵與政治聯盟，新的政治概念表
現在「政治的去實體化」（façadism in politics）以及「國家變
形」（metamorphosis of the state）兩個現象上（1997：136-
142），政治的去實體化意謂政治事務不再是國家、政府的專
利，國家的衰微並不代表政治的終結，相反的是政治的擴
散，「政治與非政治間的界線模糊」（孫治本，2001c：
16）；國家變形則指國家如何調整以適應這種新的政治局勢
與概念的變化。換言之，在次政治的議程中，政治的範圍、
主體[50]、空間及議題都被擴大了。Beck 因此以跨國國家
（transnational state）作為全球政治的未來展望，跨國國家是
全球地方國家（glocal state），是在與世界社會的互動架構中
參照定位，並使全球性成為政治思想和行為的基礎，從國際
關係到跨國內政（transnational internal policy）的觀念轉換
中，主權不再具有排他分割的意義而在分享的基礎上轉化成
為包含式主權[51]（inclusive sovereignty）。Beck 提出的政治議
程能否實現雖然尚屬未定之論，但是面對一個變動中的（風
險）世界，認識的扭轉才能提供結構、行動無窮轉換發展的
可能性！

註釋

1 比如說民主統治原則及第三章提及的「主權（國家）原則」在全世界的擴散適用，民主已經成爲決定一個國家的正當性標準之一（Diamond, 2000）；有趣的是，主權原則要求的是民族國家間明確且互相承認的地理疆界，似乎與全球化代表的「疆界毀壞」力量不符，但是透過人爲劃定的疆界來區分不同的國家並不是各文化間所共享的「世界觀」，所以主權原則的全球擴散同樣可以視爲是西方現代性對於非西方世界的「國家想像（方式)」的破壞。

2 Waters（2000：151-153）書中開頭定義下的政治全球化就是各種牽涉安全、強制、權威、力量等政治現象的交換，對他而言，各個政治單位間的交換可以等同於國際關係，換言之，政治交換的特質是「國際化」的，在這種定義引導下，諸如 Beck 所提出的「跨國國家」、「全球公民社會」等概念都是不可能出現的。

3 這些議題包括了全球金融市場的規範、南北國家的貧富差距、愛滋病及其他國際性疾病的防制醫療、全球暖化、跨界污染等全球生態問題、普世人權與個別主權的衝突等許多非傳統政治學關懷的現象（Rosenau, 1992a）。

4 同樣的，這一類懷疑論者對全球政治的描述不能直接等同於規範上的立場，描繪出現實政治的殘酷之處可以鞏固固有的學術壟斷地

位，卻也可以是批判的動力來源。

5 Robert Cox（1992）強調「領土」是西發利亞模式最顯著的特徵；Held 等則認爲西發利亞模式包括了幾個特點，分別是：(1)世界由主權領土國家構成，不承認有超越國家的更高權威；(2)立法過程、執法及爭議解決由個別國家掌握；(3)國際法傾向建立最小的共存原則；(4)越界犯罪行爲的責任歸屬於「非官方事務」；(5)所有國家在法律之前一律平等；(6)國家間的差異往往訴諸武力解決；(7)減少國家自由受到阻礙的最佳利器在於「集體優勢」（Ibid.: 48，黑體字爲筆者所強調）。星野昭吉（2000）也指出在現實主義假設中因爲在主權國家之上沒有更高的權威，所以國際體系必然是無政府（anarchy）的狀態，而這也否定了（世界）社會進一步發生變動的可能性。

6 儘管對於大多數文明而言，主權一直不是政治生活的確定特徵（Camilleri & Falk, 1992）。

7 爲了成功地在國際社會中扮演理性行爲者的角色，國家內部因而必須被假設爲具有同質性，不論是文化、階級、種族、宗教、性別等可能出現在國家內部的衝突都不被視爲具有眞正的差異，衝突只可能發生在國家與國家之間。而各個新興獨立運動所追求的目標也都是成爲具有主權國家身分的國際行爲者。

8 如果單從國家的經濟主權來看，那麼這裡的論點似乎與大前研一等

經濟全球主義者類似，都強調國家面對國際經濟事務上的無力管理，不同的是，經濟全球主義者希冀的是由市場邏輯主導一切人類生活的進行，是以一種去歷史的姿態宣稱市場邏輯的全面勝利。而Strange雖然承認國家權威面對市場力量的相對弱化，但是這並不代表國家的終結或消亡，面對如賭場式的全球金融市場，Strange更強調如何透過國家間的合作來為賭場降溫（2000，1998）。

9 兩位作者強調這種強調物質世界整體的環境主義（environmentalism）意識在西方已有長遠的發展過程，最早甚至可溯及十六世紀中葉。

10 一如經濟全球化討論中多國籍企業可以利用不同國家的差異獲得最大利潤，污染者同樣可以選擇到環境標準較不嚴格的國家裡從事生產、排放污染。

11 這裡強調的是在主權論述中個別國家被視為具有平等的地位，因此國際體系中的依賴、不平等關係被忽略掉，一個國家之所以發生特定的生態問題必須歸因於個別國家的內部決策，與國際政經體系間的互動沒有關係。比如說，世人譴責巴西大量砍伐熱帶雨林的同時卻往往忽略該國所背負的沈重外債及經濟壓力（Gurtov, 1999）。

12 因為個別主權國家宣稱只需要面對處理疆界範圍內的污染問題，因此國際體系中往往無法為受污染者提供有效的賠償，污染者付費（polluter pays）的理想轉為受害者付費（victim pays）的現實。

13 這些在國際場域中與國家共同分享權力的機構有前述的國際組織、

非政府組織、區域集團，除此還包括非國家行為者及像多國籍企業、跨國壓力及社會團體等跨國組織團體。

14 這裡強調的是不受主權限制（sovereignty-free）與那些仍受主權限制（sovereignty-bound）的兩種世界體系的競爭，Rosenau並不接受整個世界已經走出國家中心體系的限制，但也承認新興的多中心的體系的出現。

15 當然，面對重疊甚至可能衝突的忠誠與認同對象時，當代全球公民所面臨的兩難困境也是不斷地增加的。

16 孫治本（2001c）指出法國大革命後公民一詞往往指涉的是國家公民，公民與國家間透過特定的權利義務關係形成政治性的連結，但是自Hegel以後的公民社會往往指稱為與國家相對立的非政治部門，因此公民社會、公民組織等概念往往帶著「非政治」的意涵，而政治活動的定義長期以來被主權國家限定的認識框架所壟斷，往往必須是跟國家相關的行為才劃入政治領域，從這個角度看，擺脫主權國家限制的個別公民及社會團體所組成的全球市民社會才得以被視為是相對於（國家）政治的自主領域。但其實我們也可以嘗試擴大政治的定義及範圍，這一點在文後將再提及，這裡要強調的是，全球公民社會的概念中往往隱含著一種非（政治）強制的自主意涵。

17 這當然也可以視為是不同國家的公民社會間進行交流的過程，這樣

的論述其實是先假定了每個國家裡都存在一個與國家相對立的（公民）社會，當國家的壓抑阻隔不再，則公民社會間就可以展開跨國性的互動並形成全球公民社會（石之瑜，2001：25-54）。

18 Diamond 指出民主國家的民主實踐在通訊科技高度發達的當代具有強大的示範（demonstration）及擴散（diffusion）效果，而且發達國家將人權議題、受援助國家是否民主化等標準與援外政策掛勾，加上冷戰結束、蘇聯瓦解後國際間也缺乏其他可供選擇的政治制度模式，這些因素對於非民主國家都會產生國際壓力，使得民主（制度）得以全球性的擴張。

19 儘管強調不同地區、文化仍具有特殊的價值，兩位作者仍然堅信某些為全人類共享的基本價值，比如說基本人權，很明顯是超越主權國家限制的，民族國家不能再以不可侵犯的主權為藉口，阻擋跨界的人權關懷。另外，這些對於基本人權、永續發展、平等權利與民主參與特質的強調，被 Hans Küng（2000）視為全球倫理（global ethic）的基本原則，發展出全球倫理後才可能逐步建構出一個全球（公民）社會來。

20 這種 Hayek 式的思考中，權威的產生由於來自自主公民的理性互動，因此權威將不再是外來的、支配的力量，也只有在這種理性、民主決策過程中，自我立法、自我遵守的理想才得以實現。

21 Boli 與 Thomas 指出雖然在許多地區裡非理性（non-rational）的因素

仍然影響人類生活的互動，與由理性指引的（進步）目標時時發生
衝突，但是兩位作者相信這些非理性的部門終將導入理性的範疇中
（Ibid.: 267）。

22 Beck（1998）以社會貨櫃理論來描述主權國家時亦指出議會民主制
度同樣是以領土原則為基礎的，傳統民主理論中民主只能發生在特
定國家的疆界內。關於民主理論在全球化時代的轉化亦可參考
McGrew（1997a）。

23 Held也強調這種超越國家之外的命運共同體，不管是區域或全球的
規模，都必須要求重建一種集體命運（collective fortune）的感
受，有了這種共同感，才可能建立跨越國界的民主體制（Ibid.:
2042）。同樣的，Beck引述Martin Shaw的論證指出，關於建立全
球公民社會的各種經驗可以透過全球傳媒獲得，為特定的事件或危
機建立起全球意義（1999a：125）。

24 Tomlinson引述1995年聯合國《全球社區》（Our Global
Neighbourhood）報告時指出，全球社區的觀念，常被視為「萌芽
之全球公民社會」的同義詞（2001：204）。而在《全球社區》報
告中也指出，「超國家組織的政策不僅著眼對經濟全球化極其影響
深刻的社會與經濟副作用的管理，而且歸根究底其實質在於推行全
球民主和人權的新倫理」（Beck, 1998: 41）。

25 Held在勾勒其普世民主圖像時也強調道，從長期的角度擘畫全球治

理機制，必須在與地區、國家及各地方連結的基礎上建立一個具一
定稅收能力的全球議會（global parliament）（2000：2041）。

26 Petras 舉例指出，本來只屬於美國國內如聯邦調查局（FBI）、毒品
管制署（Drug Enforcement Agency）等機構如今得以自由出入於其
他國家之中，華盛頓堅持其法律可以凌駕於其他國家的法律之上
（1999）。

27 例如以恢復民主之名出兵海地，以肅毒之名入侵哥倫比亞並在當地
支持種種暴行，美國可以基於自己的利益將其他國家定義為無賴國
家（rogue state）或反恐戰爭中的邪惡軸心。

28 新自由主義經濟戰略在全世界對工人權益、地球環境等的破壞可以
參考第二章中的討論。墨西哥自從加入北美自由貿易區後，一向被
視為是新自由主義實驗的重要指標，但是在墨西哥出現的卻是邊境
上大批非法向美國移動的廉價勞工、對墨西哥生態的嚴重破壞、薪
資、工作安全的缺乏保障（Bandy, 2000），並帶來九〇年代墨西哥
國內貧窮印地安農民的大規模抗議，表現在 Zapatista 主義者的暴力
反抗行動中（Chomsky, 2000: 96-104）。

29 除了新自由主義經濟戰略對於地球環境的破壞外，在抑止地球暖化
的京都議定書（Kyoto Protocol）議題上美國也多所阻撓。

30 這些全球新興的私部門權威（global-level "private" authorities）包
括了國際債信評等機構、全球性的金融機構與大型產業、掌握全球

通訊產業的大公司、跨國連結的犯罪組織等具有重大影響力的全球
非國家行為者（Murphy, 2000: 795）。

31 Waltz強調即使在當代全球經濟中被視為整合程度最高、真正全球
化的金融市場，也不過跟二十世紀初期時的全球金融市場規模相當
罷了（Ibid.: 48）。Waltz這類觀點也可參考第二章中的討論。

32 當然每個國家所掌握的權力與資源不同，Waltz指出美國的影響力
自然比其他主權國家要來得大。

33 Waltz對於所謂全球經濟的反駁中與Hirst與Thompson兩位的論證頗
相似，因此也犯了同樣的問題：即試圖以實證的數據作為定義「全
球」與否的唯一解釋，而忽略了多國籍企業經濟活動中「質」的討
論。

34 不過世界貿易組織的組成與其他的IGOs不完全相同，因為世貿組
織中容許非具國家身分的經濟體，像香港或台灣成為其會員，不過
世貿組織中的大多數成員仍然是主權國家，世貿組織的說明中也都
用「國家」（country）來指涉其會員。可以看出在這些說明中，承
認了國家才是國際間主要的行為者。

35 「每個國家都有一個聲音」（every country has a voice）（Ibid.: 239，
黑體字為筆者所強調），再一次，主權國家又被視為具有內部同質
性的存在。

36 理論上無法處理的問題指的是那些在傳統（主權國家）政治學中根

本上不被界定為政治學研究的部分,包括代間正義、生態危機、國際移民、難民及新興社會空間等問題。

37 當然,由本章中的討論也可看出並不是所有全球主義者皆認為主權國家必將終結,但是不可否認的,不論從政治、經濟或文化角度切入,總有極端的全球主義者從全球普遍性的立場認定主權國家終將衰亡。Kate Nash 也指出雖然 Held 的普世民主模式中並沒有忽略民族國家的政治中心地位,但同時 Held 對於民族國家的延續權力也未給予太多的關注(2001:275-276)。

38 這種真實的存在感可以出現在包含統治者與被統治者的國家成員、針對「國家」此一對象的學術研究者及其理論之中,甚至也存在如巴勒斯坦人這些還未曾經歷國家統治的人們心中。

39 Hirst 與 Thompson 兩位就宣稱國家仍扮演極重要的角色,因為國家仍舊是最熟悉政策形成、權力分配的過程,並且得以在這過程中形塑其統治正當性(1996:170)。

40 當然,前提是主權國家必須意識到有從事合作的必要,超全球主義者或許會認為國家在認識上即阻止了進一步合作的可能性,但是這種說法其實也是將特定歷史條件中的國家形式視為絕對而僵固的存在,否認了國家在其職能與權力上有轉型的可能性。

41 對於全球暖化現象及國際上相關討論的發展可以參考 2001 年 4 月 9 日 *Time* 雜誌的專題,以及 Pew 全球氣候變化中心的網站

（www.pewclimate.org/）。另外，美國以其經濟利益將受影響、失業
率將升高的理由拒絕簽署京都議定書，亦可在上述網站查得相關分
析報導，美國再一次單邊主義的表現也加深與正式簽署京都議定書
的歐盟之間的歧見。另外可參考Ott（2001）、Gough與Shackley
（2001）以及Carpenter（2001）。

42 在這種假設下，一個國家是否民主就可以從國家內部的公民社會是
否受到來自國家的壓抑、國家的政策是否反映了公民社會的需要來
進行判斷。

43 例如1981年通過的「非洲人類和人民權利憲章」（African Charter on
Human and People's Rights）中即特別強調人民的集體權利（peo-
ple's collective rights），這些權利包括人民生存權、自決權、發展
權、爭取獨立權、對自然財富和資源的主權等。

44 例如在台灣，儘管政府的經濟決策與執行總是招致不少抱怨，但是
不管是媒體、企業甚或一般民眾，都還是希望國家能帶領我們一起
迎向（經濟）全球化的挑戰，而不是如大前研一（1996）所言逕自
拋開在經濟發展過程中扮演累贅角色的國家。

45 例如在自由主義傳統下，國家、政治被認為不應該涉入宗教領域的
事務，這種認識明顯即與某些信奉伊斯蘭教的國家、有著政教合一
傳統的西藏社會不同。另外在中國的政治觀念中，國家與社會也未
必被看成是獨立而對立的兩個領域（石之瑜，2001）。因此如果不

從全球公民社會的理論假設去看待全球化現象，就未必會不假思索地認爲當國家職能在受到各種挑戰後，一個專屬於「社會」的場域就緊接著衝破限制而致力於全球式的連結，不同區域、不同文化背景的國家、民族、地區面對全球化進程於各面向的衝擊，會發展出各種不同形式的回應方式。以歐洲爲例，歐盟的形成一方面有利於面對經濟全球化的挑戰，但歐盟內部在迎向全球化過程中逐漸發展出的極右與極左勢力也形成另一種指向全球化的全球化認識與實踐形式。馬來西亞在面對經濟全球化的挑戰，則以混合了經濟發展及種族霸權的「種族科技民族主義」策略應對，試圖在迎向全球市場的同時，繼續保持馬來人在馬來西亞中的支配種族地位（張亞中，2002）。

46 Beck指出方法論國家主義指的是社會和國家在思考上、組織上和生活上都被認爲是同一（空間）的，社會貨櫃理論即爲其代表。

47 這些簡化的國家中心論式的認識表現在諸如國家／國際、政治／經濟、男人／女人、主體／客體、主觀／客觀、秩序／混亂的劃分上，國家被化約爲一個理性的個體，以追求自身利益的滿足做爲最重要的考量。

48 這種典範主義傾向將理論的發展視爲各自獨立的典範，例如國際關係中將現實主義與理想主義、傳統學派與科學主義、實證主義與後實證主義的三大辯論視爲典範之間的對抗，卻掩蓋了更深層的，由

國家中心論所支撐的「基本的典範主義」（fundamental paradigma-tism）。以第一章中 MacLean（2000）的觀點看來，這些辯論其實只是意見領域中的爭論，這種正統／異端關係是由學科規訓所設定好的，根本稱不上是典範之間的辯論。

49 裴元領引述 R. F. M. Lubbers 與 J. G. Koorevaar 兩位學者的研究指出存在四種全球化治理場景，分別是「重拾（訪）亞當斯密（Adam Smith revisited）＝新自由主義（neo-liberalism）」、「零碎化」（fragmentation）、「大美和平」（*Pax Americana*）、「美國化」（Americanization），這四種模式在現實世界中是混合的出現著，也都不包含唯一的答案（*the* answer）（2001：29）。

50 值得注意的是，個人主義化雖然在 Beck 理論中占相當重要的地位，但是個人主義化的同時一方面代表舊社會整合的瓦解，一方面帶來新社會整合的工程也在形成中，個人並非孤伶伶地直接進入全球（政治）場域中，個人所屬的新舊認同團體對個人的行動仍有重要影響力。

51 Beck 認為當主權不再是不可分割不可讓渡的絕對性存在時，國家間的合作就不牽涉到個別國家究竟放棄多少主權權力的問題，而是可能達到「雙贏」（all win）的局面（1999a：149-150）。

第五章　結語：什麼樣的「全球」(化)？

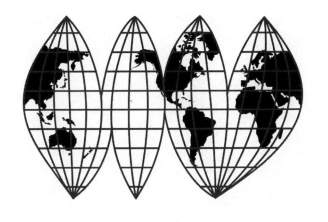

　　寫作本書的初始目的，是為了爬梳不同研究者間對於全球化此一當代顯學的各種觀點，看看在不同論述中呈現出什麼樣的全球圖像來，字裡行間中又反映出什麼樣的本體論、認識論與世界觀。閱讀整理的過程中，對於許多立場相異的觀點，都曾或多或少被吸引過，而忽略了不同論述中潛藏明示的衝突傾向，理論中呈現出的是關於世界景象的描述與預測，在一個貌似旁觀中立的整理者心中所浮現出的種種矛盾，似乎也正說明了 Beck 所言「生涯史的全球化」現象的確存在著，「世界的矛盾不只存在於外部，也存在於個人自身生活的中心……自身生活不再是與地方相連的、穩定的、安居的生活。它是一個『旅途中』（on the road）的生活」（1999a：101-102），如今，「不在場」（absence）的、遠距離的影響力比之各種在地的因素似乎也不遜色，習以為常的時空座標開始模糊起來，生活中的不確定感與不安全感時時浮現，確定的行動與意義似乎已不復存。或許，這篇論文就是為了在不同全球化論述中尋找一個在認識與實踐上可供棲息穩定之處：我（們）身處的究竟是一個什麼樣的世界？位在什麼樣的全球化進程中？可以有一個什麼樣的全球圖像？本文討論到的許多研究者其實也都在這個基礎上開展出各自的論述，不論是擁護或抨擊的哪一方，他們都認為自己已然

描述出一個**真實**的全球景象,並以這個實存挑戰質疑其他論述中的「錯誤」觀點,研究者可以以更完整的模型,或者更加詳實的數據做為堅實的理論工具而加入全球化論戰中,儘管對於發展理論所需要的各種學科規訓中的假設常常是不假思索地援引,但是這通常不妨礙研究者對其研究成果的信心,或者說,如果這樣的信心不再,許多研究也許就難以存續下去了。因此,各種關於全球化的論述之發展往往只是複製特定意識形態、特定學科及理論對於世界的基本看法,在理論中獲得確認的其實不是各個關於全球化的圖像,而是各個學術社群及其所欲召喚的特定主體間的(學術)霸權再次獲得鞏固。這些立場觀點各異的全球化論述在進行其全球化研究時必須體認到:「任何的科學知識都是**特定文化**的產物,而且更是一種以**實踐**來證成其意義與價值的論述性產物,有著一定、但**可變的社會性質**」、「科學知識只是一種帶有特定前提(或謂認知型態)的**意見形式**」(葉啓政,2000:58、53,黑體字爲筆者所強調)。

同樣的,論述者汲汲於說明其所觀察到的全球化世界與社會究竟是什麼樣子時,也必須認識到「全球」、「社會」這些概念本身就是社會(活動)的產物,自然,同樣也是論述的產物,論述者並不是站在一個外在的制高點進行客觀的

描繪工作，相反的，論述者所採取的立場、研究方法同樣也
構成參與了形形色色的全球化論述；面對全球化現象，論述
者心中絕非如張白紙般地純淨素樸，等待探索那些被挖掘出
來的客體，（研究）客體不會自然而然地進入論述中，而是
必須透過種種轉換性的心智活動或實踐才可能認識到這些客
體的存在，而既有的知識正是構成這個認識過程的重要素材
（Ibid.: 57），形形色色的全球化論述其實各自有著相異的**物質
基礎**及**社會脈絡**限制，同樣都無法完整勾勒出當代的全球化
圖像[1]，研究者對於論述中對於全球化現象的解釋描述得以
感到滿足，乃是因為不同知識體系、學科規訓中總是存在著
「自我指涉」（self-reference）、「自我構題」（self-thematiza-
tion）的**自我證成**過程，知識「是其自行之規範和存在之判
準的產物」（Ibid.: 45），在論述中勾勒出的景象指引著人類行
動的方向，而這個行動結果也必然**繼續鞏固**這個「自然」而
生的秩序，如此一來，所謂的全球化現象及研究也就無甚稀
奇之處，不過是既有理論框架的延續擴充罷了[2]。因此，面
對不同的全球化論述，研究者除了致力於各個得以證明其理
論模型為真的學術過程，也許必須更進一步地反思著，這套
拿來加以解釋應用全球化現象的理論，與全球化歷程間存在
什麼樣的（相互構成）關係？何以繁複的全球現象在論述中

以這等面貌呈現？

這些問題除了來自理論間的攻訐辯論外，更來自生活實踐中的各種反思，各種全球化論述中所呈現的全球化現象本質上並非抽象的存在，而是以各種形式具體呈現於不同社會中，一方面，由日常生活過程運行中可以逐步感受到論述中的侷限性，Polanyi提出的「雙重運動」過程總是在不同層次上顯現其反抗的動能；另一方面，即使由特定權力、意識形態所推動的全球化進程已然形成體系化的結構理路[3]，但是結構理路必須經過轉譯的過程才得以呈現，在此轉譯過程中，形色各異的人們所展現的實作（practice）理路同樣對結構理路起著滲透侵蝕的作用，以一種小規模、分散、片斷、即興、機動、多元化的游擊戰戰術回應結構理路的進逼（葉啓政，2000：475-526）。換言之，在不同文化脈絡中生存的人們不論在意識上或實踐上，都不是被動地等待接受全球化現象的出現到來[4]，相反的，正因爲不論是詮釋、推動、反抗全球化的諸多力量，其間的衝突就在不同的行爲者身心之中展現，因此行爲者也是以各種相異多元的形式參與了全球化的進程與認識[5]，並存在多元豐富的回應的能力及可能性，這些在生活世界中展現的繁複樣貌不是指向單一目的、簡化抽象的論述可以包攝的（Germain, 2000b）。

以第一章中方孝謙與 MacLean 的問題設定來回顧本篇論文的工作，因此而必須追問的是：哪些議題被認定是全球化論述中的討論對象，哪些又被排除在外？界定標準為何？由誰劃定？在論述領域中的種種議題又是如何受潛伏領域中的共享價值影響？以何種特定的對立面貌呈現？從這些角度出發重新思考一個可能的全球化論述，筆者認為首先要從界定的議題上著手，亦即必須揚棄在全球化研究中將政治、經濟與文化視為不相關的三個獨立（學術）領域的主流看法[6]，生活實踐中的種種問題不會因為學科的分類而跟著自動分割，這種以學科分類來（任意）定義問題領域的作法只滿足了學科規訓自我持續再製的要求，是與作為整體的生活世界嚴重脫節的，對於全球、對於社會，都必須從「整體性」（totality）角度出發[7]，反對那種將社會切分為眾多不相干的斷片，從而在各個斷片中進行點滴改革、頭痛醫頭腳痛醫腳的認識論立場（趙剛，2001），換言之，必須認識到論述領域與潛伏領域的疆界及關係是可能產生變動的，把握住整體性的原則，才可能開創更多可能的議題討論；其次，必須從認識層次上揚棄二元對立式的理解，由 Held 等人（2001）提出後即廣為學界應用的「超全球主義—懷疑論」範式雖然有其貢獻，但是卻往往可能在研究中陷入化約主義的困境，而

忽略了對立兩極間的複雜互動及議題、主體流動的可能性
[8]，對於各種論述，必須置於實際的歷史與權力脈絡中進行考
察，而不是逕以既有的認識基礎加以框限。形塑論述領域中
區隔呈現方式的共享（社會）基礎同樣存在變化的可能性，
形式各異的生活實踐自會在對立兩極間開創豐富的風貌。

　　MacLean（2000）因而在這個基礎上提出「指向全球化
的眾哲學途徑」（philosophical routes to globalization）的認識
基礎[9]，強調不能將全球化視為一個固著僵滯的外在概念，
而是必須從被視為理所當然的每日生活實踐中著手，檢討並
概念化理論與研究對象之間的相互構成關係。換言之，開展
全球化論述，必須觀照這些問題：首先，全球化現象是在什
麼樣的條件下開展，對於諸多全球化現象必須予以歷史化
（historicized）的考察，拒絕線性的、目的論式的單向指引，
並且探究支撐各種全球化論述的後設理論（meta-theory），以
及在論述與實踐中展現出的權力結構與時空關係[10]，主／
客、行動者／結構的關係展現必須在這個脈絡中理解；最
後，必須關注不同層級、不同脈絡中的行為者面對全球化時
而產生的（有意無意的）各種回應及重構，生活實踐、生活
世界等概念必須要引入成為論述的核心，並且承認透過集體
行動發生變革的可能性。葉啓政引述Richard Rorty的看法指

出「哲學工作……只不過是對大家所供奉的『真理』做出一種交談（conversation）的動作，而且是不停地交談，以防止人們自欺地以為，只要透過一些客觀事實，即可以明白地知道自己」（2000：46）。同樣的，對於全球化現象，除了要求各種論述間的持續對話外，行為者在認識上及行動上的各種參與也構成反思性的對話過程，對於全球化的諸多研究因而就是一種反身的研究，也是豐富認識與行動意義可能性的研究。

註釋

1 這麼說的前提是建立在如果真的存在一個完整的全球圖像，或者說認為有這麼一個完整圖像的必要。

2 這裡並不是如一些懷疑論者般強調所謂的「全球」並無新穎之處，而是要說明如果關於全球化的研究僅僅侷限於舊有的認識框架中，那麼就很難認識到那些已然發生的變化。

3 「具詮釋優勢地位的特定權力者所經營之體系化結構理路……有著駕凌人們原有之個別實作理路的主導勢態」（葉啓政，2000：503）。

4 「全球化現象」中包含了各種標類為全球化的具體事例，以及足以認識到這些現象的全球化知識。

5 必須一再強調的是，對於全球化的回應並不奠基於二元對立式的認識上，換言之，不是只有「反全球化」才構成有意義的回應，葉啓政（2001）即以「搓揉」形容全球化與本土化之間的關係，不論在認識還是實踐上，「本土」是以「迴轉對話」的方式來面對那些個時時出現的「全球」力量，這個轉移過程「只是一種對立論基點的選擇的可能性，而絕非尋找絕對真理的替代性宣稱」（Ibid.: 59）。

6 除了各自從政治經濟文化領域出發的研究外，必須揚棄的自然還包括其他宣稱只探討全球化單一面向現象的研究。

7 從整體性的角度出發，即使致力於單一面向的全球化研究，也必須
　接受與其他領域中全球化研究的對話及質疑，而不能還自以學科間
　的差異迴避對話的開展。

8 Held 等人書中其實並未花相當大的篇幅在每一個領域中鋪陳超全球
　主義者與懷疑論者的論述，而是更強調每個領域中全球化現象的物
　質結構如何成形轉變的政治經濟學研究，但是這種認識架構是很容
　易在「全球化—反全球化」的想像中獲得鞏固強化的。

9 不同於以特定「哲學根基」(philosophical roots) 發展的「關於社會
　的哲學」(philosophy *about* society)，相反的，「哲學眾途徑」強調
　的是「社會中的哲學」(philosophy *in* society) (MacLean, 2000:
　25)。換言之，對於全球化現象的研究不能建立在主客對立的基礎上
　去認識。

10 David Harvey (1994) 指出對特定空間和時間概念的執守，都是一
　　種政治決定，「每個社會形構都建構客觀的空間與時間概念，以符
　　合物質與社會再生產的需求和目的，並且根據這些概念來組織物質
　　實踐 (material practice)」(Ibid.: 50)，因此對於社會空間和時間的
　　支配性與霸權的界定，永遠都會遭受挑戰，總是有改變的可能性。

參考書目

一、中文部分

大前研一著，李宛蓉譯
  1996，《民族國家的終結：區域經濟的興起》，台北：立緒文
      化。
中國時報
  2001a，〈游錫堃：落實經發會共識，可放一百個心〉，民國90年
      9月10日：第7版。
  2001b，〈世界上只有一個台灣，「本土化、全球化與華文世界」
      座談會〉，民國90年2月16日至2月23日：第23版。
  2001c，〈新思維，邁向全球化世紀〉，民國90年1月2日：第11
      版。
王列、楊雪冬編譯
  1998，《全球化與世界》，北京：中央編譯出版社。
王志弘
  2000，《性別化流動的政治與詩學》，台北：田園城市文化。
王治河
  1998，〈論後現代的全球意識〉，收於俞可平、黃衛平編，《全
      球化的悖論》，北京：中央編譯出版社，頁87-96。
王信賢
  1999，〈經濟全球化與中國大陸國家角色分析〉，《東亞季刊》，
      30，4：17-34。
王振寰
  1999，〈全球化，在地化與學習型區域〉，《台灣社會研究季
      刊》，34：69-112。
  1993，《資本、勞工與國家機器》，台北：台灣社會研究叢刊。

王逢振

　　1998，〈全球化、文化認同和民族主義〉，收於王寧、薛曉源
　　　　編，《全球化與後殖民批評》，北京：中央編譯出版社，頁
　　　　90-106。

王寧、薛曉源編

　　1998，《全球化與後殖民批評》，北京：中央編譯出版社。

方孝謙

　　1994，〈如何研究象徵霸權：理論與經驗的探索〉，《中央研究
　　　　院民族研究所集刊》，78：27-59。

石之瑜

　　2001，《政治學的知識脈絡》，台北：五南。

　　1994，《女性主義的政治批判》，台北：正中。

石計生

　　2001a，〈都市與現代生活〉，《當代》，168：40-53。

　　2001b，〈資訊社會與社會學理論〉，《當代》，171：10-33。

朱耀偉

　　2000，〈全球化年代的國族主義：從（後）國族意識到中國論
　　　　述〉，《思與言》，38，1：185-218。

何信全

　　1988，《海耶克自由理論研究》，台北：聯經。

何春蕤

　　1997，〈台灣的麥當勞化：跨國服務業資本的文化邏輯〉，收於
　　　　陳清僑編，《身分認同與公共文化》，香港：牛津大學出版
　　　　社，頁141-160。

李彩琴

　　2001，〈經濟全球化下的當代勞工群像〉，《中國時報》，民國90
　　　　年6月3日：第23版。

李碧涵

　　2000，〈市場、國家與制度安排：福利國家與社會管制方式變

選〉，發表於2000年1月16日「全球化下的社會學想像：國家、經濟與社會」研討會。

李鑫煒

2000，《體系、變革與全球化過程》，北京：中國社會科學出版社。

汪暉

2000a，〈當代中國的思想狀況與現代性問題〉，《台灣社會研究季刊》，37：1-44。

2000b，〈是經濟史，還是政治經濟學？〉，收於許寶強、渠敬東選編，《反市場的資本主義》，北京：中央編譯出版社，頁1-49。

周桂田

2000，〈風險社會之政治實踐〉，《當代》，154：36-53。

明日報

2001，〈全球暖化現象鐵證如山，聯合國報告敲響人類警鐘〉，http://web3.ttimes.com.tw/print.php? txt_file=/2001/02/18/global_news/200102180187.html (2001/2/18)。

2000，〈科學小組研判：星聯玉米有可能引起人體過敏〉，http://web3.ttimes.com.tw/print.php?txt_file= /2000/ 12/06/global_news/200012060014.html (2000/12/16)。

林佳和

2000，〈勞動的未來，未來的勞動〉，《誠品好讀》，6：38-41。

林玲

2000，〈美國新經濟論質疑〉，《世界經濟》，261：38-45。

紀玉祥

1998，〈全球化與當代資本主義的新變化〉，收於俞可平、黃衛平編，《全球化的悖論》，北京：中央編譯出版社，頁25-42。

俞可平編

1998，《全球化時代的「馬克思主義」》，北京：中央編譯出版社。

俞可平、黃衛平編

1998，《全球化的悖論》，北京：中央編譯出版社。

星野昭吉著，劉小林、張勝軍譯

2000，《全球政治學：全球化進程中的變動、衝突治理與和平》，北京：新華出版社。

南方朔

2001a，〈布希正在全球四處點火！〉，《新新聞》，735：106-110。

2001b，〈狂牛症恐慌迅速蔓延，全球風險社會逐漸成形〉，《新新聞》，728：88-91。

2000，〈反思「新經濟」〉，《誠品好讀》，6：52-54。

1999，《經濟是權力，也是文學》，台北：新新聞文化。

洪朝輝

2000，〈全球化——跨世紀的顯學〉，《問題與研究》，39，8：73-83。

胡元梓、薛曉源編

1998，《全球化與中國》，北京：中央編譯出版社。

夏鑄九、王志弘編譯

1994，《空間的文化形式與社會理論讀本》，台北：明文。

高宣揚

1996，〈論布爾笛厄社會理論的象徵性和反思性〉，收於黃瑞祺主編，《歐洲社會理論》，台北：中央研究院歐美研究所，頁47-98。

殷惠敏

2002，〈單邊主義的難局〉，《中國時報》，民國91年6月2日：第15版。

孫治本

2001a，《全球化與民族國家──挑戰與回應》，台北：巨流。

2001b，〈疆界毀壞與生活風格：社會學應如何看待「生活風格現象」〉，《當代》，168：26-39。

2001c，〈跨國公民社會與歐洲聯盟〉，發表於民國90年4月20日中央研究院歐美研究所主辦「歐洲社會理論：現代與後現代」圓桌討論會。

2000，〈全球地方化、民族認同與文明衝突〉，《思與言》，38，1：147-184。

徐斯儉

2000，〈全球化：中國大陸學者的觀點〉，《中國大陸研究》，43，4：1-26。

張亞中

2002，〈種族科技民族主義與全球化──馬來西亞的困境〉，《問題與研究》，41，1：89-104。

2001，〈全球治理：主體與權力的解析〉，《問題與研究》，40，4：1-23。

張馭中

1997，〈「市場經濟」的批判與「共同體經濟」的建構：博藍尼（Karl Polanyi）理論的研究與深化〉，清華大學社會人類研究所碩士論文。

許正平

2002，〈IKEA之夢〉，《中國時報》，民國91年4月21日：人間副刊。

許寶強

2000，〈反市場的資本主義〉，收於許寶強、渠敬東選編，《反市場的資本主義》，北京：中央編譯出版社，頁50-91。

許寶強、渠敬東選編

2000，《反市場的資本主義》，北京：中央編譯出版社。

陳光興

1996,〈去殖民的文化研究〉,《台灣社會研究季刊》,21：73-139。

陶東風

　1998,〈全球化、後殖民批評與文化認同〉,收於王寧、薛曉源編,《全球化與後殖民批評》,北京：中央編譯出版社,頁189-204。

黃寬裕

　2000,〈全球化與民族主義：對中共傳統國家主權概念的檢視〉,《東亞季刊》,31,4：83-98。

曾淑芬、謝豫立

　2001,〈資訊社會、全球化經濟與福利國家〉,《當代》,171：46-55。

葉啓政

　2001,〈全球化與本土化的搓揉遊戲：論學術研究的「本土化」〉,《社會理論學報》,4,1：41-69。

　2000,《進出「結構—行動」的困境》,台北：三民。

路愛國

　2000,〈全球化與資本主義世界經濟：經濟全球化研究綜述〉,《世界經濟》,261：64-74。

裴元領

　2001,〈從全球化觀點,考察若干（後）現代（化）的遺（疑）跡：兼論美國霸權的現實意義〉,發表於民國90年4月20日中央研究院歐美研究所主辦「歐洲社會理論：現代與後現代」圓桌討論會。

趙剛

　2001,〈反全球化該召喚出什麼樣的知識與政治——「慢社會學」的一個初步勾勒〉,http://intermargins.ncu.edu.tw/Column/zhaogang/antigloblization.htm (2001/12/7)。

　2000,〈如今批判還可能嗎？〉,《台灣社會研究季刊》,37：

45-74。

劉世鼎

　2000，〈全球化理論批判：許勒與佛格森的理論〉，《當代》，153：30-37。

劉宇凡

　2002，〈資本主義與生態平衡勢不兩立〉，http://member.hkbn.net/~pioneerhk/ (2002/1/17)。

劉昌德

　2000，〈資訊革命──是誰搞的鬼？：許勒的資訊社會觀點〉，《當代》153：38-49。

劉維公

　2001a，〈運動不在運動場上〉，《誠品好讀》，11：14-17。

　2001b，〈何謂生活風格：論生活風格的社會理論意涵〉，《當代》，168：10-25。

魏玓

　2000，〈至死不渝的左派傳播先驅：許勒的生平、思想與辯論〉，《當代》，153：18-29。

羅永生

　1997，〈從傳媒帝國主義到傳媒帝國的想像〉，收於陳清僑編，《身分認同與公共文化》，香港：牛津大學出版社，頁161-183。

瞿宛文

　2000，〈全球化與後進國之經濟發展〉，《台灣社會研究季刊》，37：91-117。

蘇峰山

　1996，〈傅柯對於權力之分析〉，收於黃瑞祺編，《歐洲社會理論》，台北：中央研究院歐美所，頁99-164。

顧忠華

　2001，〈風險、社會與倫理〉，收於顧忠華編，《第二現代──風

險社會的出路？》，台北：巨流，頁17-45。

顧忠華編

　　2001，《第二現代——風險社會的出路？》，台北：巨流。

Adda, Jacques 著，何竟、周曉辛譯

　　2000，《經濟全球化》，台北：米娜貝爾出版社。

Albert, Michel 著，莊武英譯

　　1995，《兩種資本主義之戰》，台北：聯經。

Beck, Ulrich 等著，王學東、柴方國等譯

　　1998，《全球化與政治》，北京：中央編譯出版社。

Beck, Ulrich

　　1999a，《全球化危機》（孫治本譯），台北：台灣商務印書館。

　　1998，〈全球化時代民主怎樣才是可行的？——導言〉（柴方國等
　　　　譯），收於 Beck, Ulrich 等著，王學東、柴方國等譯，《全球
　　　　化與政治》，北京：中央編譯出版社，頁1-70。

Bocock, Robert 著，田心喻譯

　　1994，《文化霸權》，台北：遠流。

Bourdieu, Pierre 著，王志弘譯

　　1994，〈社會空間與象徵權力〉，收於夏鑄九、王志弘編譯，
　　　　《空間的文化形式與社會理論讀本》，台北：明文，頁429-
　　　　450。

Boxberger, Gérald & Klimenta, Harald 著，胡善君、許建東譯

　　2000，《全球化的十大謊言》，北京：新華出版社。

Braudel, Fernand 著，施康強、顧良譯

　　1999，《15至18世紀的物質文明、經濟和資本主義》，台北：貓
　　　　頭鷹。

Bryan, Lowell & Farrell, Diana 著，汪仲譯

　　1997，《無疆界市場》，台北：時報文化。

Castells, Manuel

　　1998，《網絡社會之崛起》（夏鑄九等譯），台北：唐山。

1994，〈流動空間中社會意義的重建〉（王志弘譯），收於夏鑄九、王志弘編譯，《空間的文化形式與社會理論讀本》，台北：明文，頁367-374。

Chesnais, Francois 著，齊建華譯

　2001，《資本全球化》，北京：中央編譯出版社。

Chesnais, Francois 等著，齊建華、胡振良譯

　2000，《金融全球化》，北京：中央編譯出版社。

Chomsky, Noam 著，徐海銘、季海宏譯

　2000，《新自由主義和全球秩序》，南京：江蘇人民出版社。

Dahrendorf, Ralf 著，張世鵬譯

　1998，〈論全球化〉，收於 Beck, Ulrich 等著，王學東、柴方國等譯，《全球化與政治》，北京：中央編譯出版社，頁201-216。

Dirlik, Arif 著，王寧譯

　1998，〈全球性的形成與激進政見〉，收於王寧、薛曉源編，《全球化與後殖民批評》，北京：中央編譯出版社，頁1-42。

Fabre, Guilhem 著，李玉平、蘇啓運譯

　2001，《犯罪致富、毒品走私、洗錢與冷戰後的金融危機》，北京：社會科學文獻出版社。

Foucault, Michel 著，王德威譯

　1993，《知識的考掘》，台北：麥田。

Friedman, Thomas L.著，蔡繼光、李振昌、霍達文譯

　2000，《了解全球化：凌志汽車與橄欖樹》，台北：聯經。

Fukuyama, Francis 著，閻紀宇譯

　2001，〈福山：民主自由仍將主導世界政治〉，《中國時報》，民國90年10月12日：第13版。

Gibson-Graham, J. K.著，黃德興譯

　2000，〈經濟啊！笨蛋：工業政策話語與身體經濟〉，收於許寶強、渠敬東選編，《反市場的資本主義》，北京：中央編譯出

版社,頁259-297。

Giddens, Anthony

　2000a,《現代性的後果》(田禾譯),南京:譯林出版社。

　2000b,《第三條道路:社會民主主義的復興》(鄭戈譯),北京:北京大學出版社。

　1998,《現代性與自我認同》(越旭東、方文譯),北京:三聯書店。

Hahn, Kornelia 著,孫治本、譚又寧譯

　2001,〈全球地方化、新「地區」概念與生活風格〉,《當代》,168:54-63。

Harvey, David 著,王志弘譯

　1994,〈時空之間──關於地理學想像的省思〉,收於夏鑄九、王志弘編譯,《空間的文化形式與社會理論讀本》,台北:明文,頁47-79。

Held, David; McGrew, Anthony; Goldblatt, David, & Perraton, Jonathon 著,沈宗瑞等譯

　2001,《全球化大轉變》,台北:韋伯文化。

Hutton, Will 著,歐陽英譯

　2001,〈什麼是利害相關道路?〉,收於 Kelly, G., Kelly, D., Gamble, A.編,《利害相關者資本主義》,重慶:重慶出版社,頁3-11。

Jameson, Fredric 著,張旭東編

　1996,《晚期資本主義的文化邏輯》,香港:牛津大學出版社。

Kelly, G., Kelly, D., Gamble, A.編,歐陽英譯

　2001,《利害相關者資本主義》,重慶:重慶出版社。

Martin, H. & Schumann, H. 著,張世鵬等譯

　1998,《全球化陷阱》,北京:中央編譯出版社。

Morin, Edgar & Kern, Anne Brigitte 著,馬勝利譯

　1997,《地球、祖國》,北京:三聯書店。

Muller-Fahrenholz, Geiko 著，曾念粵譯

　　2001，〈作為居住空間的地球：歐洲人學的修正〉，《當代》，
　　　　168：82-87。

Nash, Kate 著，林庭瑤譯

　　2001，《當代政治社會學》，台北：韋伯文化。

Robbins, Bruce 著，徐曉雯譯

　　2000，《全球化中的知識左派》，北京：中國社會科學出版社。

Robertson, Roland 著，梁光嚴譯

　　2000，《全球化：社會理論和全球文化》，上海：上海人民出版
　　　　社。

Strange, Susan 著，李紅梅譯

　　2000，《賭場資本主義》，北京：社會科學文獻出版社。

The Group of Lisbon 著，張世鵬譯

　　2000，《競爭的極限》，北京：中央編譯出版社。

Tomlinson, John

　　2001，《全球化與文化》（鄭棨元、陳慧慈譯），台北：韋伯文
　　　　化。

　　1999，《文化帝國主義》（馮建三譯），上海：上海人民出版社。

Wallerstein, Immanuel

　　2000，〈否思社會科學：19世紀範式的侷限〉（王小鈺譯），收於
　　　　許寶強、渠敬東選編，《反市場的資本主義》，北京：中央編
　　　　譯出版社，頁74-91。

　　1998，《近代世界體系》（郭方、劉新成、張文剛譯），台北：桂
　　　　冠。

Wallner, Fritz 著，王榮麟譯

　　1997，〈文化逆轉：急需知識概念之更新〉，《哲學雜誌》，22：
　　　　4-23。

Waters, Malcolm 著，徐偉傑譯

　　2000，《全球化》，台北：弘智文化。

Wertheim, Margaret 著，薛絢譯

　　1999，《空間地圖》，台北：台灣商務印書館。

Youngs, Gillian 著，黃競涓、郭進成、黃肇輝譯

　　2001，《全球時代的國際關係》，台北：韋伯文化。

二、英文部分

Adam, Barbara; Beck, Ulrich & Van Loon, Joost (eds.)

　　2000, *The Risk Society and Beyond*, London: SAGE.

Albrow, Martin

　　1996, *The Global Age*, Cambridge: Polity Press.

Amin, Ash (ed.)

　　1994, *Post-Fordism*, Oxford: Blackwell.

Amin, Samir

　　1999, "Capitalism, Imperialism, Globalization," in Chilcote, Ronald
　　　　M. (ed.), *The Political Economy of Imperialism: Critical
　　　　Appraisals*, Boston: Kluwer Academic Publishers, pp. 157-168.

Anderson, Benedict

　　1991, *Imagined Communities: Reflections on the Origin and Spread of
　　　　Nationalism*, London: Verso.

Appadurai, Arjun

　　1990, "Disjuncture and Difference in the Global Cultural Economy,"
　　　　in Featherstone, Mike (ed.), *Global Culture: Nationalism,
　　　　Globalization and Modernity*, London: SAGE, pp. 295-310.

Archibugi, Daniele

　　2000, "Cosmopolitical Democracy," *New Left Review*, 4 (July/
　　　　August 2000): 137-151.

Arrighi, Giovanni

　　1997, "Globalization, State Sovereignty, and the 'Endless'

Accumulation of Capital," http://fbc.binghamton.edu/gairvn97.htm (2000/9/15).

Axford, Barrie & Huggins, Richard
2000, "Globalization and the Prospects for Cosmopolitan World Society," http://www.valt.helsinki.fi/vol/cosmopolis/papers/axford.html (2000/12/14).

Bandy, Joe
2000, "Bordering the Future: Resisting Neoliberalism in the Borderlands," *Critical Sociology*, 26, 3: 232-267.

Barber, Benjamin
2000, "Jihad vs. McWorld," in Lechner, Frank J. & Boli, John (eds.), *The Globalization Reader*, Massachusetts: Blackwell: pp. 21-26.

Barker, Chris
1999, *Television, Globalization and Cultural Identities*, Buckingham: Open University Press.

Bauman, Zygmunt
1998, *Globalization: The Human Consequences*, Cambridge: Polity Press.

Beck, Ulrich (trans. by Camiller, Patrick)
2000a, *The Brave New World of Work*, Cambridge: Polity Press.
2000b, *What is Globalization?* (trans. by Camiller, Patrick), Cambridge: Polity Press.
1999b, *World Risk Society*, Cambridge: Polity Press.
1997, *The Reinvention of Politics* (trans. by Ritter, Mark), Cambridge: Polity Press.

Beck, Ulrich; Giddens, Anthony & Lash, Scott
1994, *Reflexive Modernization*, Cambridge: Polity Press.

Beitz, Charle R.
1999, "Social and Cosmopolitan Liberalism," *International Affairs*,

75, 3: 515-529.

Berndtson, Erkki

　　2000, "Globalization as Americanization," in Goverde, Henri; Cerny, Philip G.; Haugaard, Mark & Lentner, Howard (eds.), *Power in Contemporary Politics*, London: SAGE, pp. 155-169.

Bhagwati, Jagdish

　　2001, "After Seattle: Free Trade and the WTO," *International Affairs*, 77, 1: 15-29.

Birchfield, Vicki

　　1999, "Contesting the Hegemony of Market Ideology: Gramsci's 'Good Sense' and Polanyi's 'Double Movement'," *Review of International Political Economy*, 6, 1: 27-54.

Bird, Graham

　　1996, "The International Monetary Fund and Developing Countries: A Review of the Evidence and Policy Options," *International Organization*, 50, 3: 477-511.

Boli, John & Thomas, George M.

　　2000, "World Culture in the World Polity: A Century of International Non-Governmental Organization," in Lechner, Frank J. & Boli, John (eds.), *The Globalization Reader*, Massachusetts: Blackwell, pp. 265-268.

Boli, John & Thomas, George M. (eds.)

　　1999, *Constructing World Culture*, Stanford: Stanford University Press.

Boyer, Robert & Drache, Daniel (eds.)

　　1996, *States Against Markets*, London: Routledge.

Boyer, Robert

　　1996, "State and Market: A New Engagement for the Twenty-first Century?" in Boyer, Robert & Drache, Daniel (eds.), *States*

Against Markets, London: Routledge, pp. 84-114.

Camilleri, Joseph A. & Falk, Jim

1992, *The End of Sovereignty? The Politics of a Shrinking and Fragmenting World*, Aldershot: Edward Elgar.

Carpenter, Chad

2001, "Businesses, Green Groups and the Media: the Role of Non-governmental Organizations in the Climate Change Debate," *International Affairs*, 77, 2: 313-328.

Carr, Barry

1999, "Globalization from Below: Labour Internationalism Under NAFTA," *International Social Science Journal*, 159: 49-60.

Castells, Manuel

1997, *The Power of Identity*, Massachusetts: Blackwell Publishers.

Cerny, Philip G.

1999, "Globalization and the Erosion of Democracy," *European Journal of Political Research*, 36: 1-26.

Chancellor, Edward

1999, *Devil Take the Hindmost: A History of Financial Speculation*, London: Macmillan.

Cheah, Pheng & Robbins, Bruce

1998, *Cosmopolitics: Thinking and Feeling Beyond the Nation*, Minneapolis: University of Minnesota Press.

Chilcote, Ronald M. (ed.)

1999a, *The Political Economy of Imperialism: Critical Appraisals*, Boston: Kluwer Academic Publishers.

1999b, "Introduction," in Chilcote, Ronald M. (ed.), *The Political Economy of Imperialism: Critical Appraisals*, Boston: Kluwer Academic Publishers, pp. 1-18.

Chomsky, Noam

1998,“Power in the Global Arena,” *New Left Review*, 230: 3-27.

Clark, Ian

1999, *Globalization and International Relations Theory*, Oxford: Oxford University Press.

Cohen, Benjamin J. & Lison, Charles (eds.)

1999, *Issues and Agents in International Political Economy*, Massachusetts: MIT Press.

Comeliau, Christian

2000,“The Limitless Growth Assumption,” *International Social Science Journal*, 166: 457-466.

Corbridge, Stuart; Thrift, Nigel & Martin, Ron

1994, *Money, Power and Space*, Oxford: Blackwell.

Cox, Robert W.

1997,“Democracy in Hard Times: Economic Globalization and the Limits to Liberal Democracy,” in McGrew, Anthony (ed.), *The Transformation of Democracy?*, Cambridge: Polity Press, pp. 49-71.

1992,“Towards a Post-hegemonic Conceptualization of World Order: Reflections of the Relevancy of Ibn Khaldun,” in Rosenau, James N. & Czempiel, Ernst-Otto (ed.), *Governance without Government: Order and Change in World Politics*, Cambridge: Cambridge University Press, pp. 132-159.

1987, *Production, Power and World Order*, New York: Columbia University Press.

Cvetkovich, Ann & Kellner, Douglas (eds.)

1997, *Articulating the Global and the Local*, Colorado: Westview Press.

Czempiel, Ernst-Otto

1992,“Governance and Democratization,” in Rosenau, James N. &

Czempiel, Ernst-Otto (ed.), *Governance without Government: Order and Change in World Politics*, Cambridge: Cambridge University Press, pp. 250-271.

Delanty, Gerard

2000, *Citizenship in a Global Age*, Buckingham: Open University Press.

Devetak, Richard & Higgott, Richard

1999, "Justice Unbound? Globalization, States and the Transformation of the Social Bond," *International Affairs*, 75, 3: 483-498.

Diamond, Larry

2000, "The Globalization of Democracy," in Lechner, Frank J. & Boli, John (eds.), *The Globalization Reader*, Massachusetts: Blackwell, pp. 246-254.

Dirlik, Arif

1997, *The Postcolonial Aura: Third World Criticism in the Age of Global Capitalism*, Boulder: Westview Press.

Drache, Daniel

1996, "From Keynes to K-Mart: Competitiveness in a Corporate Age," in Boyer, Robert & Drache, Daniel (eds.), *States Against Markets*, London: Routledge, pp. 31-61.

Dussel, Enrique

1998, "Beyond Eurocentrism: The World-System and the Limits of Modernity," in Jameson, Fredric & Miyoshi, Masao (eds.), *The Cultures of Globalization*, Durham: Duke University Press, pp. 3-31.

Eade, John (ed.)

1997, *Living the Global City*, New York: Routledge.

Elliott, Michael

2001a, "We're All Our Brothers' Keepers," *Time*, May 7: 23.

2001b, "Foot-and-Mouth is Only the Symptom," *Time*, April 9: 41.

Falk, Richard & Strauss, Andrew

2001, "Toward Global Parliament," *Foreign Affairs*, 80, 1: 212-220.

Falk, Richard

1999, *Predatory Globalization: A Critique*, Cambridge: Polity Press.

Featherstone, Mike (ed.)

1990a, *Global Culture: Nationalism, Globalization and Modernity*, London: SAGE.

Featherstone, Mike

1990b, *Consumer Culture and Postmodernism*, London: SAGE.

1990c, "Global Culture: An Introduction," in Featherstone, Mike (ed.), *Global Culture: Nationalism, Globalization and Modernity*, London: SAGE, pp. 1-14.

Featherstone, Mike; Lash, Scott & Robertson, Roland (eds.)

1995, *Global Modernities*, London: SAGE.

Featherstone, Mike & Lash, Scott (eds.)

1999, *Spaces of Culture: City, Nation, World*, London: SAGE.

Franck, Thomas M.

2001, "Are Human Rights Universal?," *Foreign Affairs*, 80, 1: 191-204.

Friedland, Lewis A.

2000, "Covering the World," in Lechner, Frank J. & Boli, John (eds.), *The Globalization Reader*, Massachusetts: Blackwell, pp. 293-300.

Fry, Greg & O'Hagan, Jacinta (eds.)

2000, *Contending Images of World Politics*, London: Macmillan.

Fukuyama, Francis

1992, *The End of History and the Last Man*, New York: Aron.

Germain, Randall D. (ed.)

2000a, *Globalization and Its Critics*, London: Macmillan .

Germain, Randall D.

2000b, "Globalization in Historical Perspective," in Germain, Randall D. (ed.), *Globalization and Its Critics*, London: Macmillan , pp. 67-90.

Goldblatt, David

1997, "Liberal Democracy and the Globalization of Environmental Risks," in McGrew, Anthony (ed.), *The Transformation of Democracy?*, Cambridge: Polity Press, pp.73-96.

Gosovic, Branislav

2000, "Global Intellectual Hegemony and the International Development Agenda," *International Social Science Journal*, 166: 447-456.

Gough, Clair & Shackley, Simon

2001, "The Respectable Politics of Climate Change: the Epistemic Communities and NGOs," *International Affairs*, 77, 2: 329-345.

Gray, John

1998a, " Global Utopias and Clashing Civilizations: Misunderstanding the Present," *International Affairs*, 74, 1: 149-163.

1998b, *False Dawn*, New York: The New Press.

Gurtov, Mel

1999, *Global Politics in the Human Interest*, Colorado: Lynne Rienner Publishers.

Habermas, Jürgen

1999, " The European Nation-State and the Pressures of Globalization," *New Left Review*, 235: 46-59.

1998a, *The Inclusion of the Other* (ed. by Cronin, Ciaran & De Greiff,

　　　　Pablo), Massachusetts: The MIT Press.

　　1998b, "There are Alternatives," *New Left Review*, 231: 3-12.

Hall, Stuart

　　1991a, "The Local and the Global: Globalization Ethnicity," in
　　　　King, Anthony D. (ed.), *Culture, Globalization and the World-
　　　　System*, London: Macmillan, pp. 19-39.

　　1991b, "Old and New Identities, Old and New Ethnicities," in King,
　　　　Anthony D. (ed.), *Culture, Globalization and the World-
　　　　System*, London: Macmillan, pp. 40-68.

Hannerz, Ulf

　　1991, "Scenarios for Peripheral Cultures," in King, Anthony D.
　　　　(ed.), *Culture, Globalization and the World-System*, London:
　　　　Macmillan, pp. 107-128.

Harvey, David

　　2000, "Reinventing Geography," *New Left Review*, 4 (July/ August
　　　　2000): 75-97.

　　1989, *The Condition of Postmodernity*, Cambridge: Blackwell.

Held, David

　　2000, "Democracy and Globalization," in Linklater, Andrew (ed.),
　　　　International Relations: Critical Concepts in Political Science,
　　　　London: Routledge, pp. 2029-2043.

Helleiner, Eric

　　1996, " Post-Globalization: Is the Financial Liberalization Trend like-
　　　　ly to be Reversed?," in Boyer, Robert & Drache, Daniel
　　　　(eds.), *States Against Markets*, London: Routledge: 193-210.

Herman, Edward S. & McChesney, Robert W.

　　1997, *The Global Media: The New Missionaries of Corporate
　　　　Capitalism*, London: Cassell.

Hirst, Paul & Thompson, Grahame

1996, *Globalization in Question*, Cambridge: Polity Press.

Hoogvelt, Ankie

1997, *Globalisation and the Postcolonial World*, Hampshire: Macmillan.

Hurrell, Andrew & Woods, Ngaire (eds.)

1999, *Inequality, Globalization, and World Politics*, Oxford: Oxford University Press.

Hurrell, Andrew

2000, "A Crisis of Ecological Viability?" in Linklater, Andrew (ed.), *International Relations: Critical Concepts in Political Science*, London: Routledge, pp. 2090-2112.

Hutton, Will & Giddens, Anthony (eds.)

2000, *On the Edge: Living with Global Capitalism*, London: Jonathan Cape.

Jameson, Fredric & Miyoshi, Masao (eds.)

1998, *The Cultures of Globalization*, Durham: Duke University Press.

Jameson, Fredric

2000, "Globalization and Strategy," *New Left Review*, 4 (July/ August 2000): 49-68.

1998, "Notes on Globalization as a Philosophical Issue," in Jameson, Fredric & Miyoshi, Masao (eds.), *The Cultures of Globalization*, Durham: Duke University Press, pp. 54-77.

Jones, R. J. Barry

1999, "Globalization and Change in the International Political Economy," *International Affairs*, 75, 2: 357-367.

Kagarlitsky, Boris

1999, *New Realism, New Barbarism: Socialist Theory in the Era of Globalization*, London: Pluto Press.

Kalb, Don; Land, Marco van der; Staring, Richard; Steenbergen, Bart van;

& Wilterdink, Nico (ed.)

2000, *The Ends of Globalization: Bring Society Back In*, Maryland: Rowman & Littlefield Publishers.

Kalb, Don

2000, "Localizing Flows: Powers, Paths, Institutions, and Networks," in Kalb, Don; Land, Marco van der; Staring, Richard; Steenbergen, Bart van; & Wilterdink, Nico (eds.), *The Ends of Globalization: Bring Society Back In*, Maryland: Rowman & Littlefield Publishers, pp. 1-29.

Kapur, Geeta

1998, "Globalization and Culture," in Jameson, Fredric & Miyoshi, Masao (eds.), *The Cultures of Globalization*, Durham: Duke University Press, pp. 191-217.

King, Anthony D. (ed.)

1991, *Culture, Globalization and the World-System*, London: Macmillan.

Küng, Hans

2000, "A Global Ethic as a Foundation for Global Society," in Lechner, Frank J. & Boli, John (eds.), *The Globalization Reader*, Massachusetts: Blackwell, pp. 39-45.

Lash, Scott & Urry, John

1994, *Economies of Signs and Space*, London: SAGE.

Lechner, Frank J. & Boli, John (eds.)

2000, *The Globalization Reader*, Massachusetts: Blackwell.

Lechner, Frank J.

2000, "Global Fundamentalism," in Lechner, Frank J. & Boli, John (eds.), *The Globalization Reader*, Massachusetts: Blackwell, pp. 338-341.

Linklater, Andrew (ed.)

2000, *International Relations: Critical Concepts in Political Science*, London: Routledge.

MacBride, Sean & Roach, Colleen

2000, "The New International Information Order," in Lechner, Frank J. & Boli, John (eds.), *The Globalization Reader*, Massachusetts: Blackwell, pp. 286-292.

Macdonell, Diane

1986, *Theories of Discourse: An Introduction*, Oxford: Basie Blackwell.

MacLean, Jason

2000, "Globalization and the Failure of the Sociological Imagination: A Review Essay," *Critical Sociology*, 26, 3: 329-349.

MacLean, John

2000, "Philosophical Roots of Globalization and Philosophical Routes to Globalization" in Germain, Randall D. (ed.), *Globalization and Its Critics*, London: Macmillan, pp. 3-66.

Maguire, Joseph

1999, *Global Sport*, Cambridge: Polity Press.

Mann, Michael

1997, "Has Globalization Ended the Rise and Rise of the Nation-State?," *Review of International Political Economy*, 4, 3: 427-96.

Martin, Peter

2000, "The Moral Case for Globalization," in Lechner, Frank J. & Boli, John (eds.), *The Globalization Reader*, Massachusetts: Blackwell, pp. 12-13.

McGrew, Anthony (ed.)

1997a, *The Transformation of Democracy?*, Cambridge: Polity Press.

1997b, "Globalization and Territorial Democracy: An Introduction," in McGrew, Anthony (ed.), *The Transformation of Democracy?*, Cambridge: Polity Press, pp. 1-24.

1997c, "Democracy Beyond Borders?: Globalization and the Reconstruction of Democratic Theory and Politics," in McGrew, Anthony (ed.), *The Transformation of Democracy?*, Cambridge: Polity Press, pp. 231-265.

McMurtry, John

1998, *Unequal Freedoms: The Global Market as an Ethical System*, Connecticut: Kumarian Press.

McNeely, Connie L.

2000, "The Determination of Statehood," in Lechner, Frank J. & Boli, John (eds.), *The Globalization Reader*, Massachusetts: Blackwell, pp. 199-206.

Meyer, John W.; Boli, John; Thomas, George M. & Ramirez, Francisco O.

2000 "World Society and the Nation-State," in Lechner, Frank & Boli, John (eds.), *The Globalization Reader*, Malden: Blackwell, pp. 84-92.

Michard, Catherine

1999, "The Global Burden of Disease and Injuries in 1990," *International Social Science Journal*, 161: 287-296.

Miyoshi, Masao

1998, "'Globalization,' Culture, and the University," in Jameson, Fredric & Miyoshi, Masao (eds.), *The Cultures of Globalization*, Durham: Duke University Press, pp. 247-270.

Morley, David & Robins, Kevin

1995, *Spaces of Identity: Global Media, Electronic Landscapes and Cultural Boundaries*, London: Routledge.

Moretti, Franco

2001, "Planet Hollywood," *New Left Review*, 9: 90-101.

Mudimbe, V. Y. (ed.)

　　1997, *Nations, Identities, Cultures*, Durham: Duke University Press.

Murphy, Craig

　　2000, "Global Governance: Poorly Done and Poorly Understood," *International Affairs*, 76, 4: 789-803.

Osiander, Andreas

　　2001, "Sovereignty, International Relations, and the Westphalian Myth," *International Organization*, 55, 2: 251-287.

Ott, Hermann E.

　　2001, "Climate Change: an Important Foreign Policy Issue," *International Affairs*, 77, 2: 277-296.

Palan, Ronen; Abbott, Jason & Deans Phil

　　1996, *State Strategies in the Global Political Economy*, London: PIN-TER.

Panitch, Leo

　　2000, "The New Imperial State," *New Left Review*, 2 (March/ April 2000): 5-20.

Paterson, Matthew

　　1999, "Interpreting Trends in Global Environmental Governance," *International Affairs*, 75, 4: 793-802.

Patnaik, Prabhat

　　1999, "On the Pitfalls of Bourgeois Internationalism," in Chilcote, Ronald M. (ed.), *The Political Economy of Imperialism: Critical Appraisals*, Boston: Kluwer Academic Publishers, pp. 169-179.

Pauly, Louis W. & Reich, Simon

　　1999, "National Structures and Multinational Corporate Behavior: Enduring Differences in the Age of Globalization," in Cohen, Benjamin J. & Lison, Charles (eds.), *Issues and Agents in International Political Economy*, Massachusetts: MIT Press, pp.

155-184.

Peterson, V. Spike & Runyan, Anne Sisson

1993, *Global Gender Issues*, Boulder: Westview Press.

Petras, James

1999, "Globalization: A Critical Analysis," in Chilcote, Ronald M. (ed.), *The Political Economy of Imperialism: Critical Appraisals*, Boston: Kluwer Academic Publishers, pp. 181-214.

Petrella, Riccardo

1996, "Globalization and Internationalization: The Dynamics of the Emerging World Order," in Boyer, Robert & Drache, Daniel (eds.), *States Against Markets*, London: Routledge, pp. 62-83.

Pieterse, Jan Nederveen

1995, "Globalization as Hybridization," in Featherstone, Mike; Lash, Scott & Robertson, Roland (eds.), *Global Modernities*, London: SAGE, pp. 45-68.

Pries, Ludger (ed.)

2001a, *New Transnational Social Spaces*, London: Routledge.

2001b, "The Approach of Transnational Social Spaces," in Pries, Ludger (ed.), *New Transnational Social Spaces*, London: Routledge, pp. 3-33.

Richardson, James L.

2001, *Contending Liberalisms in World Politics: Ideology and Power*, Colorado: Lynne Rienner Publishers.

Ritzer, George

2000, *The McDonaldization of Society*, California: Pine Forge Press.

Robbins, Bruce

1998, "Introduction Part I: Actually Existing Cosmopolitanism," in Cheah, Pheng & Robbins, Bruce, *Cosmopolitics: Thinking and Feeling Beyond the Nation*, Minneapolis: University of

Minnesota Press, pp. 1-19.

Robertson, Roland (ed.)

　1992, *Globalization and Indigenous Culture*, Tokyo: Institute for Japanese Culture and Classics, Kokugakuni University.

Robertson, Roland

　1995, "Glocalization," in Featherstone, Mike; Lash, Scott & Robertson, Roland (eds.), *Global Modernities*, London: SAGE, pp. 25-44.

Rodrik, Dani

　2000, "Has Globalization Gone too Far?," in Lechner, Frank J. & Boli, John (eds.), *The Globalization Reader*, Massachusetts: Blackwell, pp. 221-226.

Rosenau, James N. & Czempiel, Ernst-Otto (ed.)

　1992, *Governance without Government: Order and Change in World Politics*, Cambridge: Cambridge University Press.

Rosenau, James N.

　1992a, "Governance, Order, and Change in World Politics," in Rosenau, James N. & Czempiel, Ernst-Otto (ed.), *Governance without Government: Order and Change in World Politics*, Cambridge: Cambridge University Press, pp. 1-29.

　1992b, "Citizenship in a Changing Global Order," in Rosenau, James N. & Czempiel, Ernst-Otto (ed.), *Governance without Government: Order and Change in World Politics*, Cambridge: Cambridge University Press, pp. 272-294.

Ruggie, John Gerald

　1993, "Territoriality and Beyond: Problematizing Modernity in International Relations," *International Organization*, 47, 1: 139-174.

Sassen, Saskia

2000,"The State and the New Geography of Power," in Kalb, Don; Land, Marco van der; Staring, Richard; Steenbergen, Bart van & Wilterdink, Nico (eds.), *The Ends of Globalization: Bring Society Back In*, Maryland: Rowman & Littlefield Publishers, pp. 49-65.

1996, *Losing Control?*, New York: Columbia University Press.

Sklair, Leslie

2001, *The Transnational Capitalist Class*, Massachusetts: Blackwell.

1998, "Social Movements and Global Capitalism," in Jameson, Fredric & Miyoshi, Masao (eds.), *The Cultures of Globalization*, Durham: Duke University Press, pp. 291-311.

Strange, Susan

1998, *Mad Money: When Markets Outgrow Governments*, Michigan: The University of Michigan Press.

1996, *The Retreat of the State*, Cambridge: Cambridge University Press.

Subramani

1998, "The End of Free States: On Transnationalization of Culture," in Jameson, Fredric & Miyoshi, Masao (eds.), *The Cultures of Globalization*, Durham: Duke University Press, pp. 146-163.

The Ecomonist

1997, "A Survey of The World Economy: The Future of the State," (September, 20, 1997).

Theranian, Majid

2000, "Islamic Fundamentalism in Iran and the Discourse of Development," in Lechner, Frank J. & Boli, John (eds.), *The Globalization Reader*, Massachusetts: Blackwell, pp. 359-367.

1999, *Global Communication and World Politics*, Colorado: Lynne Rienner Publishers.

Therborn, Göran

2001, "Into the 21st Century: The New Parameters of Global Politics," *New Left Review*, 10: 87-110.

Thompson, Grahame

1999, "Introduction: Situating Globalization," *International Social Science Journal*, 160: 139-152.

1997, "Multinational Corporations and Democratic Governance," in McGrew, Anthony (ed.), *The Transformation of Democracy?*, Cambridge: Polity Press, pp. 149-170.

Time

2001, "Feeling the Heat," April 9, 2001.

Underhill, Geoffrey R. D.

2000, "State, Market, and Global Political Economy: Genealogy of an (inter-?) Discipline," *International Affairs*, 76, 4: 805-824.

Vandenberg, Andrew (ed.)

2000, *Citizenship and Democracy in a Global Era*, London: Macmillan.

Veseth, Michael

1998, *Selling Globalization*, Colorado: Lynne Rienner Publishers.

Waltz, Kenneth

2000, "Globalization and American Power," *The National Interest*, 2000 (spring): 46-56.

Wolf, Martin

2001, "Will the Nation-State Survive Globalization?," *Foreign Affairs*, 80, 1: 178-190.

2000, "Why this Hatred of the Market?" in Lechner, Frank J. & Boli, John (eds.), *The Globalization Reader*, Massachusetts: Blackwell, pp. 9-11.

World Trade Organization (WTO)

2000, "Seven Common Misunderstandings about the WTO," in Lechner, Frank J. & Boli, John (eds.), *The Globalization Reader*, Massachusetts: Blackwell, pp. 236-239.

Zacher, Mark W.

2001, "The Territorial Integrity Norm: International Boundaries and the Use of Force," *International Organization*, 55, 2: 215-250

1992, "The Decaying Pillars of the Westphalian Temple: Implications for International Order and Governance," in Rosenau, James N. & Czempiel, Ernst-Otto (ed.), *Governance without Government: Order and Change in World Politics*, Cambridge: Cambridge University Press, pp. 58-101.

全球化　　　　　　　　　知識政治與文化系列 6

著　　者／房思宏
編輯委員／石之瑜‧廖光生‧徐振國‧李英明‧黃瑞琪‧黃淑玲‧
　　　　　沈宗瑞‧歐陽新宜‧施正鋒‧方孝謙‧黃競涓‧江宜
　　　　　樺‧徐斯勤‧楊婉瑩
出 版 者／揚智文化事業股份有限公司
發 行 人／葉忠賢
總 編 輯／林新倫
執行編輯／晏華璞
登 記 證／局版北市業字第 1117 號
地　　址／台北市新生南路三段 88 號 5 樓之 6
電　　話／(02)2366-0309
傳　　真／(02)2366-0310
E - m a i l／service@ycrc.com.tw
網　　址／http://www.ycrc.com.tw
郵撥帳號／19735365
戶　　名／葉忠賢
印　　刷／偉勵彩色印刷股份有限公司
法律顧問／北辰著作權事務所　蕭雄淋律師
初版一刷／2004 年 11 月
定　　價／新台幣 300 元
Ｉ Ｓ Ｂ Ｎ／957-818-683-5

國家圖書館出版品預行編目資料

全球化 = Globalization / 房思宏著. -- 初版. -- 台北
市：揚智文化, 2004[民 93]
　　面；　公分. -- （知識政治與文化系列；6）
參考書目：面
ISBN　957-818-683-5（平裝）

1.國際經濟　2. 文化　3. 國際政治

552.1　　　　　　　　　　　　　　93018916